을 일으켜 세우는 내면 코칭

음 고백

1쇄 발행 2024년 8월 1일

이   이은아

이   유지서

곳   이야기공간 출판등록 2020년 1월 16일 제2020-000003호

22698 인천광역시 서구 승학로 556, 402호

070-4115-0330 팩스 0504-330-6726 이메일 story-js99@nate.com

고   blog.naver.com/story_js2020

라그램   https://www.instagram.com/the_story.space/

부   https://www.youtube.com/channel/UCGc7DD4pxillHPBU-b-kX5Q

공간스토어 https://smartstore.naver.com/storyspace

열   박진영

 　 책은우주다 seungdesign@hanmail.net

트   김옥희 kim-ochee@daum.net

신경범, 우이, 육민애

원   카운트북 countbook@naver.com

제작   미래피앤피 yswiss@hanmail.net

런닝북 runrunbook@naver.com

제작   롤링다이스 everbooger@gmail.com

4, 이은아

979-11-93098-18-9(03180)

마음 고백

나를
마
초판

지은
펴낸
펴낸
주소
전화
블로
인스
유튜
이야기

교정교
디자인
일러스
마케팅
경영지
인쇄·
배본사
전자책

© 202
ISBN

· 이 책
· 책값은
· 파본은

마음고백

나를 일으켜 세우는 내면 코칭

이은아 지음

이야기공간

필요한 해답은
내 안에 있습니다

소외된 나, 두려운 나, 억울한 나, 괴로운 나, 무기력한 나… 보고 싶지 않고 감추고 싶은 '나^{ego}'의 이야기. 그 나도 나라는 것을 인정해야 합니다. 이제 나^{Self}에게 필요한 해답을 찾고 나^{Self}답게 살기 위한 나^{ego}의 고백을 시작합니다.

🗨 도망치고 싶었던 나

나를 직면하는 것이 힘들고 불편했습니다. 도망치고 싶었습니다. 그러던 어느 날부터 나 자신을 바로 볼 수 있는 용기를 냈습니다. 40년 넘게 타인의 마음을 잘 읽어 주던 내가 나 자신에게는 관대하지 못했습니다. 지나치게 높은 잣대로 채찍질하고 있었습니다. 이제야 알았어요. 타인이 나를 인정하면 감사히 받아들이면 된다는 것을. 스스로 압박해 왔던 나 자신을 조금 놓아 주려고 합니다. 높은 잣대로 채찍질할 수밖에 없는 나에게 귀 기울이게 되었습니다. 그 결과, 나에 대한 연민이 생겼습니다. 그리고 이제 나를 응원하고 토닥거릴 수 있게 되었습니다. 감사합니다.

🗨 완벽을 추구하는 나

불우한 어린 시절을 보내며 나 자신과 약속했습니다. '완벽해야 해!' '나에게 실수는 패배야!' 그 약속은 높은 기준을 세우게 했고 그 기준에 미치지 않는 나를 보며 이렇게 소리칩니다. "너는 왜 이것밖에 안 되니?" "네가 그렇지, 뭐." "또 그러네? 넌 항상 왜 그 모양이니?" 나 자신을 다그치고 채찍질했습니다. 나약한 나를 억압하고 제거하려고 했습니다. 그러나 어느 날 채찍질하는 '나'가 말합니다.

"지금까지 쌓아 놓은 것이 무너질까 봐 너무 두려워! 또 상처 받고 싶지 않아!"

채찍질하는 나는 나를 지키기 위해 채찍질을 한 것이었습니다. 채찍질하는 나에 대한 연민이 올라왔습니다. 불쌍하고 안쓰러웠습니다. 이제 나에 대한 높은 잣대를 낮추며 채찍질하는 나를 안아 줄 수 있습니다.

● 억울하고 화났던 나

남편 때문에 화난 줄 알았는데… '이야기해 봐야 소용없다'라는 생각이 마음속에 있었나 봅니다. 참고 또 참으며 내가 세운 기준에 맞추어 나 혼자 모든 것을 다 하고 알아주지 않으면 억울해했네요. 왜 이렇게 눈물이 나는지 모르겠어요. 살아오면서 종종 남편이 했던 이야기였는데…. 지금 내가 혼란스러우니 평소 하던 이야기도 나를 비난하는 것으로 들려 섭섭하고 밉고 속상했어요. 솔직히 '이런 이야기를 코칭에서 해 봐야 무슨 소용 있을까?'라는 생각에 그냥 삼키려고 했어요. 힘들면 힘들다고 이제는 말하려고 합니다. 그래도 괜찮다는 것을 이제야 알았습니다. 감사합니다.

● 말하지 않아도 알아주기를 바라는 나

늘 해 왔던 남편의 말이 몹시 거슬렸습니다. 점점 화가 치밀어 올랐습니다. '이기적인 인간, 자기만 아는 파렴치한 인간!' '네가 늘 그렇지 뭐!' 이렇게 분노하는 '나'가 마음을 휘젓습니다. '나는 왜 이토록 분노할까?'라는 생각은 한 번도 하지 않았습니다. 그저 그 분노하는 나 자체가 너무 바보 같고 보기 싫었습니다. 분노하지 않으려고 꾹꾹 참고 폭발하기를 반복했습니다. 그런데 이런 질문이 나를 멈추게 했습니다.

"분노하는 마음 밑에는 어떤 마음이 있나요?"

분노하는 마음 밑에는 억울함이 있었습니다. 직장 생활을 하며 힘든 것은 마찬가지인데 나만 무수리가 된 것 같은 느낌…. 내 마음을 몰라주는 바보 천치 같은 남편이 야속했습니다. 억울했습니다. 슬펐습니다. 그런데 가만히 생각해 보니 그 분노는 상대방에 대한 분노가 아닌 나 자신에 대한 분노였습니다. 다른 사람에게 도움을 청하지 못하는 바보 같은 나 자신에 대한 화와 분노였던 것 같습니다. 그 화, 분노의 기저에는 이런 생각이 있었습니다.

'모든 것은 내가 다 해야 해!' '이렇게 하면 내가 필요할 때 말하지 않아도 내 마음을 알아 줄 거야!'

그러나 내 생각과는 반대로 상대방의 더 큰 요구를 들어주어야 했습니다. 분노하는 나를 없애 버리는 것, 그것이 문제 해결 방법은 아니었습니다. 근원적으로 내가 진정으로 원하는 것이 무엇인지를 아는 것이 중요하다는 사실을 깨달았습니다.

● 내 아이가 뒤처질까 봐 불안했던 나

평소 책을 읽지 않는 아이 옆에 비스듬히 기댔습니다. 잠자리에서 책을 펼쳐 봅니다. 아이는 귀를 막았습니다. 아이가 책을 읽지 않아 불안하고 속상하다고 생각했던 건 남들에게 뒤처지는 것이 두려운 내 마음에서 비롯되었음을 알았습니다. 내 틀이 아이와 남편뿐만 아니라 나 자신도 힘들게 했던 것 같습니다. 이제야 알았습니다. 감사합니다.

● 내 엄마와 다른, 좋은 엄마가 되고 싶은 나

좋은 엄마가 되고 싶었습니다. 그런데 규칙을 지키지 않는 아이의 모습을 보면 화가 납니다. '직장 생활을 하느라 아이에게 소홀한 것은 아닐까?'라는 생각은 미안함과 죄책감을 낳았습니다.

퇴근 후 녹초가 된 몸을 겨우 추스릅니다. 약속을 지키지 않은 아이에게 화가 나지만 억누르며 책을 읽어 주는데 아이가 양손으로 귀를 막는 돌발 행동을 하면 화가 폭발합니다. 그 화는 생각의 꼬리에 꼬리를 물게 하지요. 그리고 깊은 생각의 함정 속으로 빠져들게 했습니다.

● 치열하게 살아온 나

엄마의 마음도 몰라주는 아이에 대한 미움, 그런 아이에게 화를 내는 나에 대한 자책, 주중 육아를 친정어머니에게까지 책임지게 하는 남편에 대한 원망…. 그 부정적인 감정은 나를 우울하게 했습니다. 나는 더는 우울해지고 싶지 않았습니다.

용기를 내어 우울한 '나'의 이야기를 했습니다. 그 이야기를 하면서 스스로 뭔가 정리되는 듯했습니다. 그리고 급기야 한 장면이 떠올랐습니다. 예절 바른 모습을 딸에게 설명하며 함께 나란히 서서 인사하는 모습! 이 모습은 나의 어린 시절을 떠오르게 했습니다. 잘 보이고 싶어 애쓰는 자신의 모습! 절대로 뒤처지면 안 돼!라는 생각으로 온 힘을 다해 치열하게 살아온 나를 보게 되었습니다. 그것은 나를 지금 여기에 오게 한 동력이었습니다.

그러나 그것은 나에게만 적용되는 것이었음을 알았습니다. 다양성을 인정하자고 말만 했지 정작 나는 아이와 남편을 내 틀에 맞추려고 했습니다. 이를 안 순간 우울할 수밖에 없었던 나를 안아 줄 수 있었습니다.

● 무게감을 부인하는 나

리더십을 잘 발휘하고 싶다는 것은 표면적인 문제였습니다. 아내의 우울증이 나를 힘들게 했다는 것과 그 힘듦이 나 자신을, 내 삶을 누르고 있었습니다. 그러나 나는 그렇지 않다고 나 자신을 부인하고 있었다는 사실을 알았습니다. 그리고 지시하는 투의 커뮤니케이션 스타일이 아내를 힘들게 했고 이것이 조직에서도 적용되었음을 알았습니다. 감사합니다.

🔴 저항하는 나와 통제하는 나

코칭을 받으라는 말에 무의식적으로 이런 생각이 떠올랐습니다. '내가 무엇을 잘못했나?' '리더십을 잘 발휘하는 리더가 되고 싶다' 그러나 리더십을 발휘하고 싶다는 이슈 기저에는 말하고 싶지 않은 뭔가가 있었습니다. 그래서인지 코치의 질문에 "아니요?" "그랬나요?" "글쎄요…" 등의 다소 저항적인 답변을 했습니다. 그러고 나서 이런 질문을 받았습니다.
'OO님, 지금 갑옷을 입고 계신 것처럼 느껴지는데… 어떻게 생각하세요?'
나를 움찔하게 하는 질문이었습니다. 저항하는 나에 대해 코치는 비난하지 않았습니다. 오히려 그런 나를 거울처럼 비춰 주며 이야기를 들어 주었습니다.
저항하는 나는 '회사에서 개인적인 이슈를 다루는 건 옳은 일이 아니다'라는 생각을 하고 있었습니다. 특히 아내에게 '약은 먹었어? 2시간 후 먹어야 해!' '산책은 했어?' 등의 양방향 소통이 아닌 한 방향 소통을 하고 있음을 깨달았습니다. 이것이 아내의 산후 우울증을 더욱 가중할 수 있다는 것, 가정에서의 대화 방식이 회사 생활에까지 영향을 미친다는 사실을 알아차렸습니다.

● 정체성 혼란이 있었던 나

'왜 이리 머릿속이 복잡하지?'라고 생각했더니 리더로서 정체성 혼란이 있었네요. 다른 사람들의 시선을 많이 생각했네요. '내 자존감이 낮은가?'라는 생각도 들고요. 다른 사람들에게 하는 이야기를 정작 나 자신에게는 적용하지 못하고 있다는 것을 깨닫게 되었습니다. 감사합니다.

● 리더와 코치를 구분하지 못했던 나

코치형 리더가 되기 위해 노력했습니다. 코칭은 나의 수동적인 삶을 능동적으로 바꿔 주었습니다. 그러나 리더십을 발휘하는 도중 스스로 부끄러운 일을 경험하게 되었습니다. '내가 코치가 맞아?' 리더로서 코치다운 모습을 보이지 않는 나 자신을 자책하며 점점 작아지는 나를 봅니다.

작아지는 나는 이렇게 말합니다. '코치형 리더라면서 이 정도밖에 안 되나? 코칭? 별거 없는 거 아니야?' '내 정체성은 뭐지? 리더인가? 코치인가?' 이 두 가지 모두 '나'인데 말입니다. 코치형 리더라고 말하면서 내면은 코치와 리더를 분리하는 이분법적인 생각을 하고 있었습니다. 그리고 '다른 사람들이 나를 어떻게 생각할까?'에 시선을 주며 정작 작아지는 '나'에게는 관심을 갖지 않고 있었습니다. 만족스럽지 않은 경험 기저에는 지금까지 변화를 위한 노력에 대해 인정받고 싶은 강한 욕구가 있다는 것을 알았습니다.

코칭을 받은 '나'들이 이렇게 성찰하는 것을 지켜보면서 심리학자 융, 로저스, 펄스, 엘리스, 헤이, 스워츠와 영적 지도자 톨레, '코칭의 대가' 골웨이, 휘트모어 등의 가르침과 깊이 연결되어 있다는 사실을 알았습니다.

그들이 괴로움을 해결하는 과정에 공통점이 있었는데 나는 그것을 '알아차림'이라고 명명했습니다.

알아차림은 첫 번째, '나^{ego}'라고 착각한 것에서 벗어나 우등한 기능과 열등한 기능을 통합하고 조화를 이루는 것이 진정한 '나^{self}' 자신이 되는 과정입니다. 두 번째, 그 과정이 진정으로 나를 사랑하는 길이며 이것이 전제될 때 행복한 성공의 길로 들어설 수 있다는 것입니다. 그런데 안타깝게도 이 알아차림을 머리로만 알고 있었다는 것을 내가 파 놓은 커다란 함정에 빠지고 나서야 비로소 깨닫습니다.

이 책에서 필자는 알아차림을 자아에 적용했습니다.

필자가 만난 자아들은 스스로 파 놓은 함정을 인정하기 싫어

했고 인정하지도 않았습니다. 그리고 그곳에 빠진 자기 자신도 용납하지 못했습니다. '모든 것은 나로부터 비롯된다'라는 말에 '그런데 왜 나만 잘못이지?'라는 의문을 붙였습니다. 저 사람이, 이 세상이 내게 이렇게 푸대접하는데 왜 나만 참아야 하느냐고 따져 묻고 싶어 했습니다.

"저들은 제멋대로 하게 놔두고 그것을 있는 그대로 그냥 수용하라고?" "그러면 모든 것이 해결된다고?" "지금 괴로움에 몸부림치는 내게 그런 말이 맞는 말인가?" "오직 나만?" "그러면 이 고통에서 나는 정말 벗어날 수 있는가?" "그런데 그게 왜 나여야 하느냐 말이다." "왜 나만 참아야 해?" 묻고 또 물었습니다.

앞에서 소개했던 마음 고백인들은 평범한 사람이었습니다. 이들은 내면 코칭을 받고 나서 생각의 틀을 깼습니다. 변화의 시작이었지요. 고백이 변화를 가져왔습니다.

그룹 코칭과 코칭 워크숍에서 가장 많이 들었던 피드백이 있습니다.

모두 비슷한 고민을 하고 있다는 것이 위안을 주네요.
나 자신에게 "괜찮아"라고 말하는 것 같아 편안함을 느꼈어요.

개인 코칭에서는 이런 말도 많이 들었습니다.

이것은 저만의 고통인가요?

다른 사람은 어떤가요?

다른 사람이 왜 그리 중요할까요?

우리는 소속감을 느끼고 싶어 합니다. 사랑받고 싶어 합니다. 기쁨과 슬픔, 고통을 나누고 싶어 합니다. 그러나 그럴 기회가 없습니다.

일하는 부모로 아이 양육을 걱정하며 힘들어하고 있나요?

뭔가를 이루기 위해 노력해도 되는 일이 없다고 생각하나요?

뭔가를 이루고 싶지만 의욕이 없다고 느끼나요?

이루고 싶은 것을 이루었지만 허무한가요?

무엇을 해야 할지 막막한가요?

미래에 대한 불안과 두려움을 느끼고 있나요?

진정한 사랑, 소속감을 느끼고 싶나요?

깊은 생각의 함정에 빠진 사람, 빠졌던 그 함정을 못 보고 또 빠진 사람, 빤히 함정을 보면서도 또 빠진 사람, 특정하자면 억지로 '괜찮다'라고 위안하는 수많은 '나'들을 위해 『마음 고백』을 썼습니다.

함정이 의미하는 것이 무엇일까요? 그 함정에 빠진 이유는 또 무엇일까요? 어떻게 하면 빠져나올 수 있을까요? 함께 알아 가며 자신을 사랑하는 방법을 배울 수 있기를 바랐습니다. 자신을 위해야 타인도 배려할 수 있다는 사실을 머리가 아닌 가슴으로도 느끼게 하고 싶었습니다.

이 책은 심리적 안전감과 평온함을 주는 촉매제 역할을 하며 나 자신과 깊이 있게 만나게 해 줄 것입니다. 필자는 진정한 '나 Self' 사랑으로 행복한 성공을 돕는 파트너가 되고 싶습니다. 내면의 성숙과 외면의 성장을 통해 수많은 '나'가 진정으로 원하고 바라는 모든 일을 이루는 여정에 함께하고 싶습니다.

'나'는 아름답습니다. 나의 마음 치유를 응원합니다. 나 자신을 온전히 사랑하세요.

나 알아차림 코치
이은아

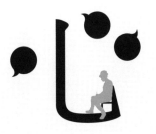

차례

제1장

마음 고백의
문을
두드리다

내면 여행을 위한
마음 준비를 시작합니다

함께 있어도 외롭다.

뭐 하나 내 뜻대로 되는 일이 하나도 없다.

'이게 아닌데...'라고 생각하면서도 계속 악순환의 고리에서

벗어나지 못한다.

사는 게 너무 힘들다.

인생이 재미가 없다. 의미가 없다. 우울하다. 그냥 숨만 쉬며 사

는 거지.

결정 장애가 있는 것 같다.

이런 생각과 감정이 하루에도 몇 번씩 스치고 지나가나요? 고
통에서 벗어나기 위해 도움을 청할 곳을 반복적으로 찾고 있나

요? 도움을 받고도 다시 과거의 나로 되돌아가는 것이 두려워 망설이나요? 아니면 현재 고통과 마주하고 있나요? 고통 속에서 헤매고 있나요?

만약 지금 이런 상황이라면 진정한 나를 만날 내면 여행이 시작되었음을 알리는 신호가 온 것입니다. 그 신호에 반응해 내면 여행을 떠날 수도, 무시할 수도, 그 신호에 저항할 수도 있습니다. 어떤 선택을 하고 싶나요?

내면 여행을 떠나기로 선택했다면 지금부터 그 자세한 방법을 알려드릴게요. 준비되었다면 지금부터 내면 여행을 위한 내비게이터를 작동하겠습니다. 만약 '지금 출발해도 될까?' '좀 더 시간이 필요한데…' 등의 생각이 떠오른다면 아직 마음의 준비가 필요하다는 신호일 수 있습니다. 준비가 좀 더 필요하다면 스스로 마음이 움직일 때까지 기다려 주세요.

준비물은 4가지 마음 준비와 그라운드 룰입니다.

첫 번째, 내면 여행을 선택하는 용기입니다. '전에 다 생각했던 거야!' '겨우 봉합했는데 또 헤집을 필요가 있을까?' '내면 여행은 또 뭐야?' '과거 이야기하는 거 다 똑같은 거 아냐?' '이게 도움이 될까?' 등 여러 가지 생각이 나더라도 나 자신을 위해 용기를 내 보는 것입니다.

두 번째, 자신의 존귀함을 믿는 것입니다. 융, 로저스 등의 말처럼 인간은 무한한 가능성을 가지고 변화하고 성장하는 존재라는 점을 수용합니다. 그리고 자신을 존중합니다. '나는 좀 아닌데?'라는 생각이 들어도 자기^{Self} 존중을 우선시합니다.

세 번째, 호기심을 가집니다. 자신과 타인에 대한 부정적인 생각을 잠시 내려놓습니다. 무엇 때문에 그런 감정을 느끼고 행동하는지에 대해 지적, 판단, 비난 등이 아닌 호기심을 가져 봅니다.

생각을 잠시 내려놓는다? 추상적인 말이어서 의문이 들 수 있습니다. 그 의문이 드는 순간 생각을 잠시 멈춥니다. 어떤 상황에 직면해도 잠시 내 생각을 보류하자는 뜻입니다.

네 번째, 지금부터 하는 그 어떤 것도 열린 마음으로 받아들입니다. 자신에 대해 '이건 아닌데? 이건 뭐야? 저런 건 아니지!'라는 생각이 들어도 마지막 페이지까지 꾹 참고 딱 한 번만 가 보는 것입니다.

우리는 자극에 다양하게 반응합니다. 그 반응이 자신에게 긍정적, 부정적 영향을 미쳐 선순환과 악순환의 고리에 들어서게 합니다. 이 4가지 마음의 준비는 나 자신과 타인을 중립적으로 바라보게 해 줍니다. 이 과정을 진행하는 동안 규칙을 지키겠다는 합의에 동의한다면 결심하는 의미로 동의란에 사인합니다.

아직 준비가 필요하다면 마음이 움직일 때까지 기다립니다.

동의한다면 이제부터 내면 여행의 첫 단계를 시작하기 위해 지켜야 할 규칙을 함께 정하겠습니다.

그라운드 룰

그라운드 룰Ground Rule 이란 내면 여행을 하는 동안 지켜야 할 규칙을 의미합니다. 내면 여행에는 2가지 규칙이 있습니다. 일반적인 규칙과 개인적인 규칙입니다. 그라운드 룰은 서로 아이디어를 낸 후 투표로 정하는 것이 일반적이지만 현재 양방향 소통이 힘든 환경에 맞게 내면 여행에 대한 일반적인 4가지 규칙을 제시하겠습니다. 개인적인 규칙은 그다음에 정해 보세요.

첫 번째, 내면 여행을 떠나기 전 오롯이 혼자 있을 수 있는 시간과 장소를 선택하세요. 단 10분이라도 좋습니다.

두 번째, 여행이 끝날 때까지 나를 무한한 가능성과 잠재력을 가진 존재라고 생각하게 하는 별칭을 지어 매일 그 별칭을 하루에 3번 이상 불러 줍니다.

오글거리고 민망할수록 좋습니다. 내가 되고 싶은 모습을 상상해 별칭을 지어 보세요. 예를 들어, 무지개, 행복, 유니콘, 바다,

느티나무, 퀸, 지행(지행합일) 등 무한한 상상의 날개를 펴 보세요.

세 번째, 내면 여행 중 '이건 아닌데?'라는 판단과 화가 올라오면 조금 멀리 나를 바라보는 시간을 갖습니다. 나를 멀리서 바라보는 방법은 잠시 멈추고 그것을 기록하거나 이미지나 단어로 표현해 보는 것입니다.

넷째, 본인 자신에 대한 그라운드 룰을 정합니다. 과거에 내가 뭔가를 시도했을 때를 떠올려 보세요. 처음에는 열정적으로 했다가 조금 시간이 지나면 시들해지는 습관이 있었다면 이번에는 그와 반대로 무조건 끝까지 가 보겠다는 결심이 바로 룰의 예시입니다. 내면을 들여다보는 것을 싫어하지만 이번에는 기꺼이 받아들여 체험을 해보겠다는 결심도 마찬가지입니다. 자신만의 규칙을 정해 봅니다.

별칭 정하기

필자의 별칭은 '알아차림의 연결자Awareness Connecting Giant'입니다. 알아차림을 통해 많은 사람의 마음 평온을 기반으로 행복한 성공을 돕는 파트너 역할을 하고자 지었습니다. 이제부터 저를 알아차림의 연결자인 '알자'라고 기억하고 불러 주길 바랍니다.

별칭 : 알자(알아차림의 연결자)

별칭을 지은 이유 : 알아차림을 불러일으켜 행복한 성공을 돕는 파트너
역할을 하고 싶어서

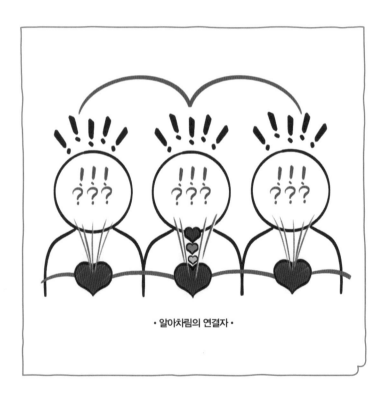

· 알아차림의 연결자 ·

나는 나를 믿나요

인간은 변화와 성장을 위해 끊임없이 노력하는 존재입니다. 심리학자 아들러는 인간이 된다는 것에 대해 열등하다는 사실을 수용하며 극복하는 과정으로 보았습니다. 융은 인간은 자기실현을 위해 끊임없이 노력하는 존재이며 자기실현을 위해서는 자신을 이해하는 것, 특히 무의식의 갈등을 이해하는 것이 중요하다고 보았습니다. 로저스는 인간을 자기실현을 위한 기본적 동기를 가진 변화와 성장을 추구하는 존재로, 펄스는 완성을 추구하는 경향이 인간에게 있다고 가정했습니다.

정말 믿었던 것일까

인간은 기본적으로 적어도 자신을 부정의 함정을 계속 파도록 내버려두는 존재가 아닙니다. 그러나 필자는 그런 기본적인 인간의 본성에 반기를 들었습니다. '내 인생은 이제 끝이구나. 그렇게까지 노력했는데… 역시 나는 이것 밖에 안 되는 사람이었어….'라는 생각의 함정에 발을 들여놓는 순간, 그 함정은 깊이를 알 수 없는 부정의 늪으로 빠져들게 했습니다.

상담사 시험에 불합격하고 5개월이 지난 어느 날, 보다 못한 남편이 이렇게 말했다.

"코칭을 하는 후배가 있는데 한 번 만나볼래?"

몇 개월 전에도 이런 말을 들었던 것 같다. 며칠 전만 해도 아무 말도 내게 들어오지 않았다. 그런데 이 말이 훅 와닿았다.

'코칭이란 무엇일까?' 생각하며 남편 후배를 만났다. 함께 식사하며 코칭에 대해 들었다. 코칭은 우리가 서 있는 바로 이 자리에서 원하는 곳으로 가게 해 준다고 했다. 가장 매력적인 것은 인간의 무한한 잠재력을 믿어 주고 그것을 마음껏 펼치게 해 준다는 것이었다.

정확히 뭔지는 모르겠지만 적어도 현재 이 모습에서는 벗어날 수 있으리라는 막연한 기대가 느껴졌다. 아니, 기대를 느끼고 싶었는지 모른다.

분명히 과거에는 나의 가능성을 믿었습니다. '할 수 있다! 할 수 없는 것은 내게 없다!' '안 된다는 말은 하지 말고 해 보라!' 그렇게 말하고 행동했습니다. 그런데 정말 나 자신의 잠재력을 믿어서 그렇게 말한 것인지 의문이 생깁니다. 나에 대한 믿음이 없어서 그런 말을 하고 행동했던 것은 아닐까요? 타인의 확인을 받고 싶어서 말입니다.

나 자신을
알고 있나요

"모든 상황에서 나를 말하고 싶어 하는 존재가 우리 안에 있다. 그 존재는 '에고^{ego}'다. 에고는 자신의 생각과 감정이 진정한 나라고 여기는 근본적인 착각을 일으킨다. 그리고 대부분 그런 착각 속에 자신을 가두고 삶 전체를 보내고 있다."

『삶으로 다시 떠오르기』의 저자 에크하르트 톨레가 한 말입니다.

이와 유사한 내용을 심리치료법 중 하나인 내면 가족 시스템 Internal Family Systems, 이하 IFS 치료에서도 찾아볼 수 있습니다.

IFS에서는 내 안의 수많은 자아가 공동체를 이루어 살고 있다고 말합니다. 그중 하나의 자아가 외부의 자극으로 마음의 무대를 장악하면 그 자아의 생각대로 반응하고 느끼고 행동합니다. 이것이 톨레가 표현한 나를 말하고 싶어 하는 존재와 유사한 부분입니다. 그렇다면 톨레가 말하는 나를 드러내고 싶어 하는 존재인 에고와 IFS에서 말하는 외부 자극에 반응해 마음의 무대를 장악한 자아는 진정한 '나'일까요?

마음 안의 수많은 자아 ego

비 내리는 날 지하철 안에서 있었던 일이다. A는 뒤로 맨 배낭에 우산을 꽂고 만원 지하철을 탔다. A 뒤의 한 여학생이 눈을 찡그리며 아픈 표정을 지었다. 그때 그 학생 바로 옆에 있던 남성 B가 말했다.

"당신 우산이 이 학생을 찔렀어요!"

B의 말을 듣는 순간 A는 그 여학생에게 미안해하는 표정이 역력했다. 바로 옆에 있던 나는 A의 표정을 읽을 수 있었다. 그런데 갑자기 A가 돌변하더니 B에게 이렇게 소리치는 것이었다.

"몰랐네요. 그런데 당신이 뭔데 나를 손으로 확 미는 거요?"

그러자 B는 "내가 언제 밀었소? 손가락으로 툭 쳤지"라고 맞받았다. 그렇게 시작된 실랑이는 다음 역에 도착하기 직전 한 남성이 "이제 좀 조용히 갑시다"라며 끝났다.

A는 정작 미안한 대상에게는 별다른 반응을 보이지 않고 자신의 초점을 B에 맞추었습니다. A의 마음은 어땠을까요? 추측해 보면 A는 자신의 행동을 전혀 몰랐던 상황에서 깜빡이 없이 훅 들어온 지적에 적잖이 당황했을 것입니다. 또한, B로 인해 모든 시선이 자신에게 몰려 자신이 잘못하고도 사과도 안 하는 나쁜 사람으로 보일까 봐 더 화가 났을 수도 있습니다. 그래서 A는 무안하고 당황스러웠을 테지요.

"네가 뭔데 내게 손을 대"라는 말 속에는 '나를 함부로 대하지 마!' '나를 배려하고 존중해 주었으면 좋겠어'라는 메시지가 들어 있었을 겁니다.

잘못을 지적하며 손으로 툭 쳤더라도 자신의 존재감이 낮아지는 건 아닐 텐데….

나를 무시한다는 생각이 들었을 수도 있습니다. 그 탓에 '네가 뭔데 내게 이런 행동을 해?'라는 공격적인 행동으로 이어진 것은 아닐까요?

A에게는 어떤 '자아ego'가 올라왔을까요? 그 어떤 자아를 자신과 동일시했을까요? 반대로 B는 또 얼마나 황당했을까요? 단지 사실을 말해 주었을 뿐인데 마른하늘에 날벼락이지 이 무슨 기괴한 에피소드인가요? B는 진실을 알려 주었을 때 칭찬을 들었고 그것을 정의를 실천하는 행동으로 생각했을 수 있습니다.

그러나 그 말을 들은 상대방은 진실을 알려 줄 때 상황을 고려하고 배려해 주었으면 좋겠다고 생각했더라도 결코 B에게 말하지 못했을지도 모릅니다.

만약 상대방에게 피드백을 받지 못했던 B에게 이런 상황이 지속된다면 B는 그 사실을 바로 알려 주는 것이 옳은 일이라고 확신할지도 몰라요.

이때 B에게는 어떤 자아가 올라왔을까요? 어떤 자아가 올라왔기에 그 자아를 자신과 동일시했을까요?

나^{Self}는 나^{ego}가 아니다

필자 자신을 돌아봅니다. 나는 어땠나요? 상담사가 돼야 진정한 내가 되는 것이라며 상담사와 나^{ego}를 동일시했습니다. 그것은 단지 역할일 뿐인데도 말입니다. 그 역할을 했을 때만 진정한 내가 되는 것은 아닐 텐데요…. 그래서였을까요? 상담사를 포기해야 했던 그때 우울감과 좌절, 무기력 등의 부정적인 감정을 느낀 나^{ego}는 그게 곧 나^{Self} 자신이라고 동일시하며 생각의 함정 속으로 걸어 들어갔습니다.

짐 캐리 주연의 영화 〈마스크〉가 떠오릅니다. 평범한 착한 남자 짐 캐리는 우연히 발견한 마스크의 힘을 알게 됩니다. 그 마스크를 쓰는 순간 그는 내면의 놀라운 잠재력을 발휘할 수 있었습니다. 심지어 반려견이 써도 마스크는 똑같은 능력이 발현되었지요. 주인공은 자신을 보잘것없다고 생각하는 자아^{ego}를 늘 마음의 무대 위에 올렸습니다. 그리고 그 자아가 자신이라고 착각하고 있었습니다. 그러나 마스크를 쓰는 순간 보잘것없다고 생각하는 자아가 옆으로 비켜서서 용기 있는 자아를 마음의 무대 위에 올라설 수 있게 했습니다. 결국 우울하고 좌절하고 작아진 나는 본연의 나가 아니었던 것입니다. 용기 있는 '자아^{ego}' 또한 '나^{Self}'가 아닙니다.

'나^{Self}'와 '자아^{ego}'는 어떻게 다른가?
'나'를 안다는 것은 무엇일까?
'나'를 안다는 것은 나에게 어떤 의미가 있는가?

이 질문에 떠오르는 대로 답변해 보기 바랍니다. 정해진 정답이나 오답은 없습니다. 자유롭게 기록한 후 이 여행의 종착지에서 지금 이 순간의 생각과 어떤 차이가 있는지 스스로 발견해 봅니다.

지금 나를 위해
살고 있나요

13년 전, 어느 날이었다. 그날따라 유난히 14층 부엌 창문 아래로 사람들과 팔각정이 작아 보였다. 설거지하다가 불현듯 스치고 지나가는 생각에 고개를 저었다.

'이제 나는 무엇을 하며 살지?'

'무엇 때문에 살아야 하지?'

'지금 여기서 내 생을 마감한다면?'

'괴로워도 슬퍼도 나는 울면 안 된다. 참고 참고 또 참아야 한다. 남들에게 늘 좋은 모습만 보여야 한다.'

필자의 내면에 자동화된 생각들이었습니다. 나는 울지 않으려고 애썼습니다. 8년 동안 무남독녀 외동딸로 자라며 '아들이었어야 했는데…'라는 말을 들어야 했습니다. 그래도 나는 씩씩했습니다. 선머슴처럼요.

왜 불안하고 외로웠을까

여덟 살 때 남동생이 태어났습니다. 남동생을 보며 귀엽거나 사랑스럽다고 생각해 본 적이 없습니다. 그냥 슬펐습니다. 남동생이 태어난 지 얼마 안 되었을 때였습니다. 처음으로 가슴이 사무치는 아픔을 느끼며 울었습니다. 정확히 무슨 일이 있었는지 모르겠습니다.

나는 하교 후에 집으로 가지 않고 시장을 방황했다. 왜 시장으로 갔을까? 가면서 계속 눈물이 흘렀다. 지금도 눈물을 흘리며 시장을 방황하는 내 모습이 사진 한 컷에 담긴 것처럼 선명히 떠오른다.

약간 어둡고 비좁은 통로 사이로 액세서리 상점들이 보였다. 괴롭고 절망스럽고 외롭고 쓸쓸하고 착잡한 마음으로 아무 생각도 없이 반지, 귀걸이, 목걸이 등을 보며 걷고 있었다. 내가 걷고 있는 건지, 구경하는 건지 인지하지 못하는 그 순간 갑자기 뛰고 있었다. 큐빅 보석이 한 줄로 박혀 길게 늘어진 한 쌍의 귀걸이가 내 손에 들린 채.

거친 숨을 몰아쉬며 도망쳤습니다. 이 귀걸이가 왜 내 손에 들려 있었을까요? 애정 결핍으로 사랑을 훔치고 싶었을까요? 그 후 엄마 아빠의 지갑에 손을 댔습니다. 그리고 점점 더 대담해졌지요. 결혼 전까지 함께 살던 삼촌 지갑에까지 손을 댔습니다. 그러던 어느 날 엄마에게 딱 걸렸고 그 후 나는 도벽에서 벗어났습니다.

그런데 이상합니다. 엄마는 내게 사랑을 듬뿍 주셨다고 말씀하십니다. 나도 그것을 느낍니다. 그런데 왜 나는 늘 외로웠을까요? 왜 불안했을까요?

엄마가 웃으면 마음이 놓입니다. 엄마가 불안하면 나도 불안합니다. 성인이 되어서는 엄마의 불안감에도 나는 초연한 듯 아닌 척 담담히 반응했던 것으로 기억합니다. 타인의 사랑을 통해 내 사랑과 나의 존재감을 확인하고 싶었을까요? 나는 나를 정말 사랑했을까요? 나를 사랑한다는 것은 도대체 무엇일까요?

또 다른 선택이
있었나요

엄마의 권유로 예술중학교에 입학했다. 엄마가 기뻐하는 모습에서 무의식적으로 뿌듯함을 느꼈던 걸까? 엄마가 원하는 것을 해 주었다는 마음으로, 사랑을 보상받고 싶은 보상심리가 발동했을까?

집으로 돌아오는 길에 친구들과 늘 들르는 곳이 있었다. DJ가 있었던 분식집! 그곳에서 태어나 처음으로 엄마로부터 벗어나 친구들과 행복한 일탈의 자유를 느꼈다. 그렇게 내 중학생 시절은 약간의 일탈과 엄마의 꽃길 사이에서 외줄타기를 하며 즐겁게 흘러갔다.

그러던 어느 날 문득 '그래, 고등학교는 내가 원하는 데로 가겠어!'라는 생각이 스쳐 지나갔다. 하지만 엄마의 생각은 달랐다.

결혼을 잘하려면 음대, 그것도 피아노과를 졸업해야 한다는 엄마의 신념은 내가 원하는 학교를 가고 싶다는 의지보다 훨씬 강했다. 나는 또다시 겉으로는 내 의지였던 것처럼 보이는, 그러나 무의식은 거부했던 선택을 하고야 말았다. 엄마의 뜻대로 예술고등학교에 입학한 것이다.

그때 왜 거절하지 못했을까요? 분명히 나는 피아노가 치기 싫었고 적성에 맞지도 않는 것 같았습니다. 그런데 왜 내 의사를 분명히 말하지 못했을까요? 나는 피아노 치기, 클래식 듣기 등 음악과 관련된 일을 지금도 좋아하지 않습니다.

엄마는 내가 네 살 때 길을 걷다가 '딩동딩동' 소리가 나는 곳을 향해 "엄마, 나 저거 배울래!"라고 말했다네요. 그에 대한 결과는 생각보다 무거웠습니다. 엄마는 늘 말씀하십니다.

"네가 배우겠다고 해서 피아노를 치게 된 거야!"

이 말을 수없이 들어왔고 어느새 이 말에 책임지지 않으면 나쁜 아이가 되는 것처럼 여겨졌습니다.

착한 아이 욕구

로저스는 '아이들은 긍정적 자기 존중이라는 기본적 욕구를 얻기 위해 노력한다'라고 주장합니다. 아이들은 의미 있는 대상인 부모나 초기 양육자로부터 긍정적 자기 존중을 받기를 원하며, 부모는 자신의 판단에 따라 아동이 해야 할 일, 하지 말아야 할 것 등을 정해 놓습니다. 이러한 가치의 조건화에 따라 아이는 부모가 원하는 것을 할 때 긍정적 자기 존중을 받는다고 생각해 착한 아이가 되려고 합니다. 반대로 부모가 원하지 않는 일을 하는 자신을 나쁜 아이라고 생각합니다. 결국 아이는 착한 아이가 되기 위해 자신의 의지와 상관없는 일에 최선을 다합니다.

로저스의 이론은 내게 정확히 적용되었습니다. 나는 시험 때만 연습했고 점수에만 연연했어요. 내실을 기하기보다 외부적인 평가를 우선시했습니다. 피아노에 진심인 친구들을 보면 부러웠고 음악을 좋아하고 즐기는 게 어떤 건지 전혀 알 수도 느껴지지도 않았습니다.

아이러니하게도 나는 내가 피아노를 좋아하는 줄 알았고 전공으로 살려 유학 갈 생각까지 했습니다. 그러나 이 유학의 실체는 엄마의 그늘에서 빨리 벗어날 수 있는 도피처로, 결혼과 유사한 선택임을 나중에서야 깨달았습니다. 이제 와 다른 소리를 하는 내게 엄마는 배신감을 느끼실지도 모르겠습니다. 겉으로 보기에는 열심히 학교에 다니는 딸이었으니까요.

어디쯤에서 어려움을 겪고 있나요

몇 년 전 엄마에게 물었다.

"내가 인문계 고등학교에 가겠다고 했을 때 왜 보내지 않았어요?"

돌아오는 대답은 이랬다.

"네가 선택했잖니? 그래서 지금 네가 잘못된 게 뭔데?"

엄마는 그것에 직면하기보다 지금 네가 잘 되었으니 그것으로 퉁치라고 말씀하시는 것 같았다.

지금은 "피아노 싫었어요!"라고 당당히 말하지만 그때는 내가 피아노를 싫어하는지 전혀 인식하지 못했기에 말을 꺼낼 수조차 없었습니다. 공무원 집 딸이 음대 졸업을 했다고 자랑스러워하시는 부모의 모습을 보며 암묵적인 우쭐함을 가지고 있었던 걸까요?

나는 내 인생의 주인공이었을까

나는 내 인생의 주인공으로 살지 못했습니다. 삶의 주체가 되지 못했습니다. 스무 살이 넘도록 자기 옷, 물건 등을 스스로 고르지 못하는 결정 장애를 품고 중매결혼을 했습니다. 내 삶에 대해 진지하게 생각해 보지도 않았습니다. 심지어 나 자신을 사랑하는 법도 몰랐습니다.

그렇게 부모가 되었습니다. 배 속에 있던 태아에게 "변호사가 되어야 한다" "의사가 되어야 한다"라며 말도 안 되는 태교를 했던 나를 생각하면 불쌍합니다.

왜 그랬을까요? 엄마와 같은 삶을 살지 않겠다는 몸부림이었을까요? 지금 나보다 더 나은 삶을 아이들에게 물려주고 싶었던 그 몸부림! 이 몸부림은 엄마처럼 살고 싶지 않았던 나를 엄마와 똑같은 삶으로 인도했습니다. 나는 그것조차 알아차리지 못했습니다.

내 안에 자식이 전문 직업인이 되어 탄탄한 미래를 살아가기 바라는 마음이 있었습니다. 엄마도 나처럼 자식에게 탄탄한 미래를 보장해 주고 싶은 몸부림으로 피아노에 집착했던 것은 아닐까요?

나는 나를 사랑했을까

나는 나를 정말 사랑했을까요? 나는 어떤 사람이 되고 싶었던 걸까요? 나는 누구를 위해 사는 걸까요? 우리 부모는 누구의 삶을 살았을까요? 자신의 삶을 살았을까요? 자신을 사랑했을까요?

태어나 처음으로 남은 삶을 무엇을 하며 살아가야 할지 진지하게 고민했고 선택했습니다. 오직 내 의지로요. 물론 그 계기는 내가 만든 것은 아닙니다.

큰아이의 사춘기는 내게 크나큰 아픔과 좌절을 주었지만 동시에 타인의 삶에 긍정적인 영향을 미치고 싶어 하는, 내면 깊숙이 숨어 있던 내 욕구를 자극했습니다. 그렇게 선택한 것이 상담사의 길이었어요. 아이가 힘든 사춘기를 겪듯이 부모들도 힘든 시간을 보내니까요.

그때 깨달았습니다. 힘들었던 내 경험이 그와 유사한 일을 겪는 사람들의 시행착오를 줄이는 데 기여하고 싶어 한다는 것을요. 앞으로 나는 나 자신뿐만 아니라 타인의 변화와 성장을 위해 살고 싶다는 생각을 했습니다. 상담 공부에 전념하며 전화 상담 자원봉사도 열심히 했습니다.

이런 소리가 들려 왔습니다. "자기 아이도 건사하지 못하면서 무슨 상담 공부를 한다고 저렇게 설치고 돌아다니나?" 그렇습니다. 내 자식은 내가 어떻게 하기 힘듭니다. 그러니 다른 아이들을 돌볼 수밖에요. 이렇게 하다 보면 선행이 선순환되어 누군가가 우리 아이를 돌봐주지 않을까요?

이런 막연한 바람은 현실로 이루어졌습니다. 중2 담임 선생님의 혹독한 대우에 더 힘들어하던 큰아이는 중3 때 마음을 열었습니다. 자신을 이해해 주는 담임 선생님을 만난 거예요.

이런 선순환 과정은 상담사라는 꿈을 향한 내 항해에 박차를 가하게 했습니다. 그러나 서른다섯부터 소망했던 내 희망과 꿈은 마흔셋의 어느 날 '시험은 꼭 한 번에 붙어야 해!'라고 입력돼 있던 나의 사고를 깼습니다. 상담대학원 입학시험에 떨어진 것입니다.

태어나 처음으로 딱 한 번! 자발적으로 한 선택이 물거품이 되었습니다. 암울합니다. 이 암울함은 쉽게 거둬지지 않을 것 같습니다. 영원할 것 같습니다. 마음을 헤집는 주변의 아픈 소식이 더 잘 들려옵니다.

"그 엄마가 우울증이었다네. 그래서 극단적인 선택을 한 모양이야."

"그 부모 어떡하니? 아이가 재수하면서 힘들었나 봐. 아이를 먼저 보낸 그 부모 마음이 어떻겠어?"

이런 소식을 들으며 점점 작아진 나는 먼지가 된 느낌이었습니다. 그런데 타인의 성장을 돕는 일은 상담사만 할 수 있는 일이었을까요? 나는 왜 그 하나만 정답이라고 생각했을까요?

용기 낸 나를
격려해 주세요

2010년 1월 12일, 상담사의 꿈을 접고 지인의 소개로 코칭을 만난 날이다. 14명의 수강생이 코칭 수업을 받기 위해 3개 조로 나누어 앉아 있었다. 이 수업을 받는 것이 처음이어서 생소했다. 분위기가 낯설고 긴장되었지만 호기심과 기대감도 있었다. 프로그램 진행 과정과 강사 소개가 끝나고 자기소개 시간이 되었다. 그런데 내 가슴이 요동치기 시작했다. 많은 사람 앞에서 나를 소개해 본 적이 한 번도 없었고 그럴 기회도 없었다. 항상 '나' 대신 "○○의 엄마입니다"라고 인사했던 내가 오롯이 나를 소개해야만 했다. 머릿속이 빠르게 회전하는 듯 느껴졌다. 그에 비례해 심장도 더 크게 요동쳤다.

먼저 소개를 마친 사람 대부분은 조직에 속해 있다는 명함이 있었다. 사업가도 있었다. 명함이 없는 사람은 나 혼자뿐이었다. 그래서였을까?

"주부 대표로 온 이은아입니다."

느닷없이 주부 대표라니⋯. 사람들이 미소를 지었다. 그 모습을 보며 나는 안도의 한숨을 내쉬었다. 그렇게 내 의지로 두 번째 내 삶을 선택했다.

또 다른 선택

코칭은 코치의 어원에서 파생되었고 코치는 마차에서 유래했습니다. 왜 하필 마차일까요? 기차는 정해진 선로대로만 이동할 수 있지만 마차는 지금 있는 곳에서 원하는 곳까지 자유롭게 이동시켜 주는 특징이 있습니다. 그래서 코칭은 무한한 가능성을 지닌 사람을 현재에서 원하는 상태로 이동시켜 주는 개념으로 사용됩니다. 코칭은 긴장과 염려스러운 감정을 기대감과 설렘으로 바꾸어 주었습니다.

내가 선택했고 최선을 다했는데도 결과물이 나오지 않았을 때 어떻게 반응하나요? 우리는 자신의 선택에 책임지기 위해 최선을 다합니다. 그러나 그것을 어떻게 해석하고 받아들이느냐에 따라 최고나 최악의 선택이 될 수 있습니다.

아이의 사춘기를 겪으며 나와 유사한 경험을 한 사람들에게 도움이 되고 싶었던 나입니다. 사춘기를 큰 울타리에서 겪도록 조금이라도 기여하고 싶은 마음이 있었던 나였습니다. 그런데 그것을 이룰 수 있는 상담사의 길이 좌절되자 막다른 골목에 다다른 느낌이었습니다. 아니, 벼랑 끝에 있었습니다. 그 벼랑을 지나가면 내가 꿈꾸는 세계가 있는데 그곳으로 가는 다리가 끊긴 것입니다. 더는 앞으로 갈 수 없습니다. 그렇다고 되돌아가기는 싫습니다.

나는 어떡해야 하나요? 첫 번째 나의 선택은 일단 그 자리에 주저앉는 것이었습니다. 몇 날 며칠 그 자리에서 생각의 구덩이를 파고 파고 또 팠습니다. 내가 할 수 있는 거라곤 아무것도 없었습니다. 구덩이를 파고 점점 깊이 그 속으로 들어가는 수밖에요. 땅 밑에서 누군가가 나를 잡아당기는 것 같았습니다. 내가 할 수 있는 거라곤 숨쉬기와 생각하기밖에 없었습니다.

생각은 생각을 낳습니다. 그 악순환이 반복됩니다. 나는 반복되는 것을 어렴풋이 느꼈지만 거기서 빠져나올 수 없었습니다. 아니, 나오기 싫었는지도 모릅니다. 그런데 모든 행동에는 긍정적인 의도가 있기 마련입니다. 소크라테스 질문법을 보면 어떤 일을 했을 때의 유익함도 묻지만 하지 않았을 때 어떤 도움이 되는지도 묻습니다. 부정적인 방법이지만 말입니다.

진짜 나와 마주한 시간

그때는 발견하지 못했지만 그 시기는 난생처음 누구의 아내, 누구의 자녀, 누구의 엄마를 위한 것이 아닌 오롯이 나만을 위해 고민한 시간이었습니다. 지금까지 괜찮은 척, 안 그런 척했던 나의 무의식 속의 두려움, 슬픔, 좌절, 화남 등의 부정적 감정을 처음으로 회피하지 않고 마주할 수 있었던 시간!

그때 나 자신에게 이런 질문을 할 수 있었다면 어땠을까요?

'지금 이렇게 좌절과 무기력을 느끼며 웅크리고 있는 자신이 어떻게 보이는가?'

'그 마음은 어떤가?'

'그 마음에 어떻게 공감해 줄 수 있을까?'

'그런 힘든 상황에서도 조금이라도 긍정적인 면을 발견해 본다면 어떤 것이 있을까?'

내면 여행 파트너
코칭이 옵니다

'내가 아는 것은 내가 아무것도 모른다는 사실뿐이다.'

소크라테스가 한 명언입니다.

소크라테스는 지혜를 구하러 온 상대방에게 질문합니다. 그 질문은 자신의 주장이 담긴 질문이나 지침을 주는 질문이 아닙니다. 상대방이 질문에 답하면서 그(그녀)의 주장과 그 안에 내재된 견해, 가정, 신념 등을 밖으로 들어내고자 하는 것입니다. 소크라테스는 그렇게 상대방이 스스로 드러낸 견해, 가정, 신념 등에 질문함으로써 자신의 오류를 인식하게 해 생각하지도 못한 나의 무지를 깨닫게 합니다.

소크라테스 질문법에서 그 기원을 찾을 수 있는 코칭은 코치(코칭하는 사람)가 고객(코칭받는 사람)에게 질문합니다. 이 질문은 양방향 질문으로 고객이 얼마나 존귀하고 자원이 충분한 사람인지 인식하도록 도와 그가 원하는 지점까지 가게 해 줍니다.

이런 코칭이 내면 여행에서 왜 파트너가 되어야 할까요? '개인과 조직의 잠재력을 극대화해 최상의 가치를 실현하도록 돕는 수평적 파트너십'은 한국코치협회의 코칭 정의입니다. '고객의 개인적, 전문적 잠재력을 최대한 발휘하도록 영감을 불어넣고 사고를 자극하며 창의적인 프로세스 안에서 고객과 파트너 관계를 맺는 것'은 국제코치연맹의 코칭 정의입니다.

이 외에도 코칭의 정의는 코칭을 연구하는 학자 수만큼 다양합니다.

여러 학자의 정의에는 몇 가지 공통점이 있습니다. 바로 수평적 파트너십, 알아차림, 자율성, 관점 전환에 의한 행동 변화입니다. 즉, 코치는 코칭을 통해 고객이 무한한 잠재력을 최대한 발휘하도록 그들의 사고방식, 가치, 욕구, 신념 등에 대해 질문함으로써 고객의 통찰과 배움을 촉진합니다. 또한, 코치는 고객이 현재의 생각을 넘어 탐색하는 데 도움이 되는 질문을 통해 생각, 감정, 행동 패턴에 영향을 미치는 요소들을 스스로 인식하게 돕습니다. 마지막으로 고객의 자율성을 촉진해 그들이 배우고 통찰한 것을 행동으로 전환하도록 지원하며, 나 자신을 책임질 수 있게 합니다. 아울러 코칭은 감성 지능, 자기효능감, 회복 탄력성, 공감 능력, 리더와 구성원의 관계의 질 등을 향상시킵니다.

수평적 파트너십의 코칭

이런 코칭의 내면 여행이 필자에게 제공한 것은 알아차림에 기반한 '진정한 자기Self'를 만날 수 있는 방향을 제시한 것입니다. 코칭과 함께 하는 내면 여행은 포장도로만 달리지는 않습니다. 때때로 길이 없는 비포장도로, 산길, 깊은 웅덩이도 지나갑니다.

마음이 힘든 상황에 직면한다면 마음 준비 2~4번을 다시 상기할 것을 권합니다. 2번은 우리는 무한한 가능성을 지닌 존재로서 변화와 성장을 하는 사람, 즉 자비심을 가진 큰 사람이라는 것을 인식하는 것이고 3번은 어떤 경우에도 호기심을 가지고 불편감이 올라오는 나를 바라보며 '그 불편함은 어디서 기인했을까?'라고 질문하는 것입니다. 4번은 열린 마음으로 일단 수용해 보는 것이고 1번은 이것을 선택하는 용기를 내 보는 것입니다.

용기는 내면의 자유와 존엄성을 유지하는 힘을 의미하며 심리적 불안정에 깊이 자리 잡은 두려움에 직면하게 해 줍니다.푸트 지금부터 우리는 코칭이라는 마차를 타고 내적 방해 요소에 직면할 용기를 불러일으킬 것입니다. 코칭은 내적 방해물을 줄여 잠재력을 극대화해 원하는 것을 실현하도록 돕는 수평적 파트너 십입니다.

코칭으로 내면 여행을 하는 데 동의하나요? 동의한다면 그 용기를 낸 자신에게 인정의 말을 해 주세요. 지금 이 책을 읽고 있다면 이미 용기를 낸 것입니다. 나 자신에게 말해 보세요. 강의 도중 이 인정의 제스처는 만족감과 오글거림을 동시에 주지만 강력한 인정 메시지를 전달합니다.

두 손으로 엄지 척을 합니다. 나를 향해 '인정 리추얼'을 하며 이렇게 말합니다.

'나는 멋져. 짝짝짝! 짝짝! 정말 멋져. 짝짝짝! 짝짝!(대한민국, 짜짜짝 짝짝! 음율에 '나는 멋져'를 대신합니다.)

이 리추얼이 아니어도 좋습니다. 스스로 자신을 칭찬하고 인정하는 리추얼을 만들어 봅니다. 나는 이제 혼자가 아닙니다. 내면 여행 파트너인 '알자'가 항상 곁에 있습니다. 그것을 꼭 기억해 주세요.

제2장

나,^{Self}를
알아차리다

가족은 서로
어떤 영향을 미쳤나요

"아가야, 너는 반드시 의사나 변호사가 되어야 한다."
"그냥 놀기만 하면 되는데 거기서 코를 박고 도대체 왜 우니?"
"네가 사내아이로 태어났어야 했는데…."
"동생을 부탁한다."

누군가로부터 이런 말을 듣는다면 어떤 기분이 들까요?
이 말은 상대방이 잘되기를 바라는 마음이나 안타까운 마음
에서 비롯되었을 것입니다. 그러나 듣는 사람은 어떨까요?

엄마는 10개월 된 아이를 데리고 문화센터 육아 프로그램에
참가했다. 그러나 수업이 끝날 때까지 아이가 대성통곡해 애를

먹었다. 집으로 돌아와 녹초가 되어 잠든 아이를 노려보며 마음속으로 이렇게 말했다.

'그냥 놀기만 하면 되는데 거기서 코를 박고 도대체 왜 우니?'

부모와 친척들은 수시로 말했다.

'네가 아들이었으면 네 부모가 한시름 놓았을 텐데….'

대를 이을 아들이 있어야 한다는 사실 때문에 힘들어했던 부모와 친척들로부터 들었던 말입니다. 그때마다 의문의 1패를 당한 것 같았습니다. 아무것도 해 보지 않았는데 말입니다. 억울함과 함께 무능하다는 생각, 잘해야 한다는 부담감이 밀려오며 마치 인생의 족쇄를 찬 느낌이었습니다.

언어의 위력

왜 이런 기분이 들까요? 가장 많이 들은 말 중에 "네가 사내아이로 태어났어야 했는데…"가 있습니다. 어른들은 아들이었으면 좋겠다는 아쉬움에 흘린 "그냥 한 소리야!"라고 말할 수 있습니다. 그러나 누군가가 무심코 던진 돌멩이에도 개구리는 맞아 죽는 법입니다.

내게는 이 말이 바로 돌멩이였습니다. '내가 아들이 아니어서 실망했구나! 아들이 최고구나!'라는 나의 해석은 나 자신을 부정

하게 만들었습니다. 압박감, 중압감, 속상함, 화, 슬픈 감정의 소
용돌이 속으로 나를 밀어 넣었습니다. 상대방이 어떤 마음에서
그 이야기를 했는지 알 수 없으니까요. 그 표현을 들은 당사자는
나름대로, 자기 방식대로 생각하니까요.

　슬픔을 비출 수도 속상하다고 말할 수도 없었습니다. 강한 남
자아이가 되어야 한다고만 여겼습니다. 하지만 남자는 될 수 없
습니다. 그러나 존재감을 드러내고 싶었습니다.

　칭찬받고 싶었습니다. 나 자체로 온전히 인정받고 싶었습니
다. 하지만 나는 딸로, 존재로서 인정받지 못했습니다. 아니, 어쩌
면 인정받지 못했다고 생각했습니다.

　정말일까요? 그것이 사실일까요?

　아닙니다. 무의식적으로 해석했을 수도 있습니다.

왜 불안하고 외로울까

　나는 골목대장이 되었고 센 척, 강한 척, 괜찮은 척! 척 척 척
하며 살아왔습니다. 그 '척' 밑에 가려진 민낯! 그 민낯이 언제 벗
겨질지 몰라 두려웠습니다. 그래서 그토록 불안했을까요?

　나는 쉰 살이 넘어서도 늘 이 불안, 두려움, 외로움에 몸부림
쳐야 했습니다.

　문득 궁금해집니다.

열악한 환경 속에서 나의 부모는 조부모를 봉양하고 동생을 돌보는 맏아들, 맏딸 역할을 하며 살아왔습니다. 부모는 자신의 삶을 살았을까요?

부모는 조부모에게서 '존재'로 온전히 인정받았을까요?

나의 안전 기지는
누구였나요

심리학자 보울비[Bowlby]는 '인간은 선천적으로 위협, 고통을 느낄 때 안전감을 느낄 수 있는 누군가를 찾고 가까이 있고 싶어 하는 본능을 가지고 태어난다'고 주장했다. 이런 심리학적 본능을 지닌 한 개인이 생애 초기에 가장 가까운 사람과 강하고 지속적인 정서적 유대 관계를 형성하는데 이것을 '애착[Attachment]'이라고 한다.

애착 형성에 중요한 영향을 미치는 것은 초기 양육자와 유아 간 상호작용의 질이다. 에인즈워스[Ainsworth]는 '양육자의 반응에 따라 유아가 형성하는 애착의 유형이 달라진다'고 말한다. 그는 '유아는 양육자를 안전 기지로 보고 이 기지에 의존해 세상을 탐색하러 나가며 이때 양육자의 반응이 다르게 나타날 수 있다'고 한다.

안정적 애착을 만나고 싶어 하는 욕구

양육자는 유아의 신호를 적절히 해석하고 좌절을 견딜 수 있도록 시간 내에 반응을 보이는 역할을 해야 합니다. 이는 양육자가 일관되게 정서적이고 지지적인 반응을 보이는 것을 의미합니다. 이런 경우, 유아는 자신의 욕구가 적절히 충족되어 양육자와 안정적인 애착을 형성합니다. 이 안정적 애착 형성은 유아가 성장한 후 타인에 대한 신뢰, 만족, 자기 개방성에 긍정적 영향을 미칩니다.

그 반대일 때는 유아의 욕구를 적절히 충족시켜 주지 못합니다. 부분적으로 일관성 없이 충족해 준다면 양육자와 불안정 애착이 형성되어 불안을 느끼고 타인을 신뢰하지 못하는 인간관계를 형성합니다. 예를 들어, 양육자가 기분이 좋을 때는 반응하고 그렇지 않을 때는 유아의 신호를 무시하거나 방임하는 태도를 보이면 유아는 인간관계 형성에 어려움을 겪을 수 있습니다.

지금 이 순간 어떤 생각이 떠오르나요? 어떤 감정이 느껴지나요? 혹시 '아이고, 큰일이다. 나는 아이와 불안정한 애착 관계를 맺고 있는 것 같은데 어쩌지?'라는 생각과 함께 여러 가지 기억이 소환되고 있나요?

걱정하지 마세요. 애착 연구가 확장되어 성인 애착 이론으로 발전하면서 주 양육자와 안정적인 애착 관계를 형성하지 못한 성인도 주 양육자에게서 받지 못한 안전감을 대체해 줄 인물을 찾는 경향이 있으며 자신과 주변의 노력에 의해 변화할 수 있다고 합니다.

예를 들어, 상사가 조직에서 낮은 안정형 애착 관계를 가진 직원에게 안정적인 보호와 보살핌을 제공할 때 과거에 받지 못한 주 양육자의 효과적인 대체 인물이 될 수 있다는 것이 많은 연구 결과로 보고되었습니다.

이 연구 결과는 성인이 되어서도 본능적으로 나의 욕구를 충족시켜 줄 수 있는 나를 믿어 주는 사람을 찾고 그런 사람을 만났을 때 안정적인 애착을 다시 형성할 수 있다는 의미를 내포하고 있습니다. 이런 점은 내게 안도감을 주었습니다.

안전 기지

잠시 눈을 감고 상상력을 발휘해 보자. 나비가 날아다니는 것을 보고 뛰다가 넘어진 두 살이 된 나! 넘어진 나를 보고 뒤쫓아 온 엄마의 반응을 상상해 본다.

"바보야! 그러게 내가 뛰지 말랬지?"

"때찌! 때찌! 바닥이 우리 아이를 다치게 했네. 아팠지?"

"괜찮아? 다친 데는 없니? 많이 아팠지? 빨리 뛰어가서 무엇을 하고 싶었어?"

엄마의 3가지 반응은 각각 아이에게 어떤 영향을 미칠까요?

엄마의 첫 번째 반응은 '뛰는 것은 나쁜 거구나!'라는 생각을 아이가 고스란히 받아들이게 할 수 있습니다. 두 번째 반응은 '내가 아픈 건 너 때문이야!'라는 책임 전가를 하게 만들 수 있습니다. 세 번째 반응은 아이에게 어떤 생각을 갖게 할까요?

'내가 다친 걸 엄마가 걱정해 주고 있구나. 엄마가 나를 계속 바라보고 있었네. 내가 뭔가를 보고 달려가는 것까지도 엄마는 알고 있었네.'

아이는 엄마와 떨어져 있지만 관심을 받고 있었다는 안도감을 느끼며 엄마의 질문에 대답할 것입니다. 내가 무엇 때문에 달려갔고 왜 넘어졌는지 말입니다. 그리고 아이는 다시 용기를 내 탐험을 계속할 수 있을 것입니다.

나는 집착형인가

이 상상은 바솔로뮤Bartholomew와 호로위츠Horowitz의 애착 유형을 생각하게 합니다. 그들은 보울비의 개념을 체계화해 성인 애착 유형을 안정형Secure, 집착형Preoccupied, 거부형Dismissing, 두려움형Fearful 4가지로 분류했습니다.

안정형은 자신과 타인을 모두 긍정적으로 평가하는 것으로 자신이 사랑받을 가치가 있다고 여기며 타인에 대한 신뢰도가 높아 온정적인 대인 관계를 형성하는 유형입니다. 집착형은 타인에 대한 평가는 긍정적이지만 자신은 부정적으로 평가해 가치 있는 타인에게서 인정받고자 하며 타인의 인정으로부터 자기 인정을 추구하는 것이 특징입니다. 거부형은 자신에 대해서는 높은 가치를 가지고 있지만 타인에 대해서는 부정적인 표상(외부 세계 혹은 특정 대상에 대한 과거와 현재를 반영하는 내적인 생각으로 인지적, 정서적, 행동적 요소들을 포함한 틀을 의미한다.)을 가지고 있습니다. 이 유형은 자신을 보호하고 독립과 취약성을 드러내지 않기 위해 친밀한 관계를 회피합니다. 두려움형은 자신에 대한 무가치와 타인에 대한 부정적 표상을 지닙니다. 이 유형은 타인에 의해 거절되는 것을 방어하기 위해 타인과 맺는 친밀한 관계를 회피하는 경향을 보입니다.

나는 집착형인 듯합니다. 다른 사람의 인정이 나를 존재하게 했습니다. 인정에 목말랐고 인정을 쫓았습니다. 롤러코스터를 타는 것처럼 누군가가 나를 인정해 주었을 때는 하늘을 나는 것 같고 존재 가치를 충분히 느끼지만 그렇지 않을 때는 나락으로 떨어지는 느낌이 들어 한없이 힘들어집니다.

그렇게 인정을 갈구하며 살아온 인생이었네요. 나는 누구를 위한 종을 울린 걸까요? 나는 누구를 위한 삶을 살았던 걸까요?

나 알아차림으로
변화를 일으켜요

2016년 두히그^{Duhigg}의 발표에 따르면, 2012년 구글은 팀을 성공하게 만드는 원인을 알아내는 연구를 시작했다.

일명 아리스토텔레스 프로젝트$^{Project Aristotle}$! 이 프로젝트의 리더인 데비^{Dubey}는 이 연구에 최고 통계학자, 조직심리학자, 엔지니어, 연구원으로 로조프스키^{Rozovsky}를 참여시켰다.

어떤 팀에서는 팀원들이 끊임없이 서로를 방해했고 팀 리더가 팀원들을 방해해 그 행동을 강화했다. 또 다른 팀에서는 리더들이 대화 순서를 강요했고 누군가가 팀 동료의 말을 끊었을 때 그 누군가는 정중히 기다릴 것을 요청했다.

일부 팀은 생일을 축하하고 주말 계획에 대해 비공식적인 잡담으로 회의를 시작했고 가십을 삼가며 바로 사업을 시작하는 팀도 있었다. 연구원들은 100개 이상의 팀을 관찰하며 성공적인 팀이 공유하는 규범을 발견하고자 했다.

그 결과는 어땠을까요? 연구자들은 성과가 우수한 모든 팀이 공유한 2가지 행동 패턴을 발견했습니다. 첫 번째 행동은 구성원들이 거의 같은 비율로 말한다는 것이었습니다. 모든 팀원이 이야기할 기회가 있었다는 것입니다. 두 번째 행동은 팀원 모두 높은 평균적 사회적 민감성이 있었습니다. 이것은 목소리 톤, 표정, 비언어적 신호 등을 바탕으로 다른 사람들이 어떻게 느끼는지 직감적으로 알아차리는 것을 의미합니다.

심리적 안전감

연구자들은 이 2가지 행동이 팀원들에게 심리적 안전감 Psychological Safety을 느끼게 해 최고의 팀을 만드는 원동력임을 알았습니다. 심리적 안전감은 어떤 위험한 행동을 하더라도 거절, 처벌 등을 하지 않을 것이라는 신뢰나 확신을 말합니다. 팀 내에서 안전하다고 느끼는 공유된 믿음에드먼슨Edmondson이라고 볼 수 있지요. 이러한 신뢰가 형성되기 위해 필요한 것은 아마도 진정한 자신의 욕구를 인식하고 표현할 수 있는 자기표현 능력과 적극적 경청 그리고 수용과 포용일 것입니다.

① 심리적 안전감을 느끼기 위해 전제되어야 하는 것은 무엇일까요?

② 개개인이 심리적 안전감을 외부가 아닌 내면에서 느낄 수 있다면 어떤 일이 일어날까요?

③ 심리적 안전감과 나를 사랑하는 것은 어떤 관계가 있을까요?

④ 가정에서, 조직에서, 사회에서 심리적으로 안전감을 느낄 수 있는 환경을 만드는 방법은 무엇일까요?

이 여행의 종착지에서 위의 질문들을 떠올리기 바랍니다.

혼자 있어도 외롭지 않을 수 있다면? 어떤 행동에 대한 죄책감과 자책감에서 벗어날 수 있다면? 내 안의 수많은 '나ego'를 수용하고 포용하고 존중할 수 있다면? 과연 나는 어떤 삶을 살까요?

심리적 안전감은 내면 여행의 결과물 중 하나입니다. 그 기초를 다지기 위해 함께 생각해 봅니다.

진행과 퇴행을 반복하지만

나는 끊임없이 변화하고 성장하는 존재이며 결국 앞으로 가고 있다.

그리고 나는 그런 나를 믿는다.

그 이유는 나는 …

심리적 안전감을 위해 내면에서 떠오르는 생각, 느낌 등을 가감 없이 적어 보세요. 떠오르는 생각을 진솔하게 쓰는 것과 그것을 생각과 사실로 구별하는 작업은 '나'를 비난하지 않고 수용하며 어떤 이야기도 할 수 있는 나만의 안전 기지를 만드는 디딤돌이 됩니다.

나의 어린 시절을
돌아봅니다

시어머니가 과한 친절을 베푸시면 부담스럽고 싫다. 식사할 때 내 앞에 반찬을 몰아주시는 모습을 보면 화가 난다. '내가 널 이만큼 생각해!'라며 암묵적으로 표현해 주시는 그 모습에 왜 그리 화가 날까?

중학생 때 주변에서도 인정할 만큼 엄마의 사랑을 많이 받은 듯합니다. 그런데 나는 그런 사랑에 숨이 턱턱 막힙니다. 엄마는 내 모든 행동을 통제했습니다. 그런데 뭔가 이상합니다.

선택권은 분명히 나에게 있는 것 같은데 그것을 하지 않으면 내가 잘못한 것처럼 보입니다. 엄마의 말을 안 들으면 죄책감이 생겼고 그런 감정을 느끼는 나 자신에게 화가 났습니다.

속상했습니다. 벗어나고 싶었습니다. 그것은 늘 공허한 메아리로 내게 되돌아왔습니다.

앙갚음하려고 했지만

어느 날 나는 정말 극단적인 생각을 했습니다. 무슨 일이었는지 정확히 기억나지는 않습니다. 아니, 기억하고 싶지 않은지도 모르겠습니다. 그러나 한 가지 선명하게 기억되는 한 장면이 있습니다.

'왜? 왜? 나만 이렇게 괴롭지? 엄마는 내 마음을 왜 이렇게 몰라 주지?'

'나는 태어나지 말았어야 했어! 엄마는 정말 친엄마가 맞을까? 친엄마라면 나를 이렇게 괴롭히진 않을 텐데.'

냉혈 인간, 이기적인 인간, 자기만 아는 독재자…. 나쁜 사람을 대변하는 모든 용어를 엄마에게 가져다 붙였습니다. 그럴수록 더 화가 났습니다. 분노했고 슬펐습니다.

이런 내 감정을 숨기고 엄마가 시키는 대로 하는 내게 화가 나고 미웠을까요? 이불을 뒤집어쓰고 울었습니다. 그리고 생각했습니다.

'나를 이렇게 힘들게 하는 엄마를 속상하게 할 유일한 방법이 무엇일까? 엄마도 당해 봐야 해.'

머릿속에서 온갖 생각이 뒤엉켰습니다. 그리고 딱 한 가지 생각에서 멈추었습니다. 죽음.

'내가 죽으면 엄마는 속상하겠지? 당신이 원하는 것을 할 수 없으니 말이야.'

밤은 깊었고 모두 잠들어 있었습니다. 나는 부엌으로 향했습니다. 그리고 부엌에서 칼을 가지고 방으로 들어왔습니다. 칼을 들고 어두운 방 안에 앉았습니다. 그 칼을 보며 눈물이 북받쳤습니다.

동생이 태어나기 전 내 어린 시절에 대한 엄마의 여러 가지 이야기가 떠올랐습니다. 태어난 지 몇 개월 안 되었을 때 주인집 아이가 포대기에 싸인 내 코를 물어뜯었던 이야기, 네 살 때 아빠가 재미있게 해 주려고 나를 위로 던지고 받기를 되풀이하다가 캐비닛의 뾰족한 쇠문에 엉덩이를 부딪쳐 뼈가 보일 정도로 찢어졌던 이야기, 춤추고 재롱을 떨어 주인집 아주머니에게서 간식을 받아 엄마에게 쪼르르 달려가 주었던 이야기….

그 순간마다 엄마의 행복함, 놀람, 두려움을 담은 모습이 스쳐 지나갑니다.

그 순간 나는 죽고 싶지는 않았나 봅니다. 옛 추억은 파노라마가 되어 딱딱하게 얼어붙은 마음을 스르르 녹아내리게 했습니다. 그리고 나는 그 칼을 베개 밑에 놓고 울다가 잠들었습니다. 그리고 아무 일도 없었다는 듯 다시 일상으로 돌아갔습니다.

무의식에 저장된 DNA

대학 졸업 후 어느 날 ○○호텔 뷔페에서 대학 동창 모임이 있다는 연락을 받았다. 그날 입을 옷을 사기 위해 엄마와 돈독한 친밀감(?)을 자랑하며 남대문 시장을 누볐다. 한 매장에서 엄마의 발걸음이 딱 멈췄다.

'제발 저기는 가지 말아 주세요.'

고개를 흔들며 간절히 빌었다. 그러나 슬픈 예감은 틀린 적이 없다. 엄마는 환한 미소를 지으며 내 손을 붙잡고 매장 안으로 향했다.

"와! 가격도 싸고 너무 예쁘다!"

엄마가 입으면 딱 좋을 꽃무늬 원피스. 당신이 입고 싶어 하는 원피스를 왜 내게 입히고 싶었을까?

'엄마, 나 그 옷은 싫어.'

그러나 어느새 그 원피스는 내 손에 들려 있었다. 커다란 빨간 장미가 그려진 하늘하늘한 흰색 원피스.

모임 날이 되었다. 절대로 그 옷만은 입지 않겠다고 단단히 마음먹고 평소 입고 다니던 청치마를 입기로 했다. 대학 4학년 마지막 축제 때 친구들의 권유로 처음 입어 본 교복을 제외한 나의 유일한 치마. 그 청치마를 입고 약속 시간보다 1시간이나 빨리 집을 나섰다.

조심조심 살금살금 거실을 지나 현관문을 통과했다. 냅다 엘리베이터를 향해 100미터 달리기를 했다. 그런데 이게 웬일인가. 뒤쪽에서 엄마가 100미터 육상 선수로 빙의했는지 빛의 속도로 내게 달려오는 것이 아닌가. 엘리베이터 앞에서 나는 엄마에게 목덜미를 잡힌 채 그대로 끌려 들어갔다.

결국 그 커다란 빨간 장미가 그려진 하늘하늘한 원피스를 입고 모임에 나갔다. 창피했다. 쥐구멍이라도 있으면 들어가고 싶었다.

모든 사람이 나만 쳐다보는 것 같았습니다. 그러나 그것은 내 생각일 뿐이었습니다. 이를 입증하는 연구가 있습니다.

심리학자 토마스 길로비치Thomas Gilovich는 실험 참가자가 민망한 티셔츠 차림으로 사람이 많은 방에 들어갔을 때 타인이 어떻게 반응하는지 실험했습니다.

실험 참가자의 약 46퍼센트가 자신을 쳐다볼 것이라고 생각했지만 그 티셔츠를 실제로 알아차린 사람은 23퍼센트에 불과했습니다. 이것을 '스포트라이트 효과'라고 합니다. 사람들이 자신을 이상한 사람이라 여기고 관심을 가질 거라는 일반적인 이런 생각은 그저 혼자만의 생각이었던 거지요. 맞습니다.

길로비치가 말했듯이 내가 이상한 옷을 입어도 관심을 보이는 사람은 별로 없을 것입니다.

인정하고 싶지는 않지만 그건 그렇다고 칩시다.

엄마는 도대체 왜 무엇을 위해 싫다는 나에게 기어이 그 옷을 입고 나가라고 했을까요? 나는 왜 소름 끼치도록 싫었던 그 옷을 입고 나가야만 했을까요?

정말 진절머리 나도록 엄마의 통제가 싫었습니다. 벗어나려고 발버둥쳤지만 그저 헛발질에 불과했습니다.

나와 부모는
얼마나 닮았나요

정말 이상합니다. 엄마의 통제가 진절머리 날 정도로 싫었던 나
는 그와 똑같이 아니, 더 심하게 아이들에게 권력을 휘둘렀습니
다. 결과는 정말 참담했네요.

태교 때부터 스트레스를 받아서였을까? 생후 10개월째부터 시
작된 아이들의 놀이 클래스가 문제였을까? 세 살 때부터 시작
한 영재교육이 문제였을까? 네 살 때부터 한글을 가르쳤던 탓
일까? 아이는 걷기 시작하면서 아빠 흉내를 냈다. 나무 블록을
담배라며 와이셔츠와 바지 주머니에 넣어 다녔고 얇고 기다란
나무 블록을 담배라며 입에 물었다.
벨트와 신발 끈은 배와 발등에 자국이 날 정도로 꽉 묶었고 항

상 자동차 안에서만 놀았다. 내가 엄마로부터 도망치고 싶었듯이 이 아이도 내게서 벗어나고 싶었을까? 아무도 침범하지 않는 자신만의 공간에 머물고 싶었을까?

아이의 이상한 행동이 시작되었다. 네 살 무렵부터 머리를 흔드는 틱이 왔다. 여섯 살 때 MRI를 찍어 봤는데 이상은 없었다. 그런데 아이는 좌우로 계속 머리를 흔들었다. 혼내고 달래도 소용없었다. 아이의 틱은 점점 심해졌다. 학부모 교육을 하던 상담사 수녀님과 의논했고 아이는 상담을 받았다.

엄마를 괴롭힐 도구였던 칼과 아이의 틱. 이 둘 사이에 어떤 연관성이라도 있는 걸까요?

DNA는 경이롭습니다. 엄마와 같은 삶은 결코 살지 않겠다고 맹세했지만 나도 모르는 사이에 엄마와 같은 삶을 살고 있었습니다. 하지만 나는 그런 나 자신을 인식조차 할 수 없었습니다.

엄마와 같은 삶은 나에게 만족을 주기는커녕 '제발 학교만 어찌어찌 졸업해다오!'라는 간절한 기도를 하게 했습니다. 나를 점점 작아지게 했습니다. 하지만 큰아이의 틱은 고통의 서막에 불과했습니다.

엄마는 호랑이, 아빠는 토끼

아빠(엄마) 같은 사람과 결혼하고 싶다는 딸(아들)들과 아버지 같은 사람과 결혼하고 싶지 않다는 딸들이 있다. 나는 후자에 속한다. 아빠와 엄마는 두 살 차이다.

어린 시절에 권위적이었다는 아빠 이야기를 들려주는 친구들을 보며 우리 아빠가 그런 사람이 아니어서 좋았다. 그러나 성인이 되면서 아빠와 같은 사람과 결혼하지 않겠다고 다짐했다. 친구처럼 지내는 두 분의 모습은 좋아 보였지만 엄마의 힘이 지나쳐 나를 숨 막히게 했기 때문이다. 그래서 남자라면 카리스마가 있어야 한다고 생각했던 것 같다. 그리고 결심했다. '결혼하면 남편의 위신을 세워 주고 경제권도 남편에게 줄 거야'라고.

중매로 남편을 만났다. 시부모님은 너무 좋은 분들이었다. 특히 인상 깊었던 점은 센 언니 같은 시어머님이 아버님의 말씀을 존중하는 모습이었다.

누가 봐도 좌지우지할 것 같은 인상으로 당신이 하고 싶은 일을 직접 하거나 타인에게 관철시키는 시어머니! 그러나 단 한 사람, 아버님은 어머님을 꼼짝 못하게 한다. 어머님은 아버님의 의견을 따르거나 합의해 의사결정을 하신다.

친정 쪽 가정과 사뭇 달라 낯설었지만 흡족했다. 그 점이 내가
지금 남편과 결혼을 결심한 결정적인 요인이었다. 남편을 존중
하겠다는 결심으로 남편에게 경제권을 맡기고 커피를 줄 때는
찻잔 받침을 꼭 했다. 깨진 계란프라이는 남편에게 주지 않고
내가 먹었다. 나는 그런 게 남편을 존중하는 행동이라고 생각
했다. 그런데 나는 이렇게 남편을 존중하는데도 그는 나와 대
화하는 것을 좋아하지 않았다. '존중'의 진정한 의미를 몰랐던
것 같다.

저녁 시간이나 휴일이 되면 남편은 나와 가장 멀리 떨어진 데
앉아 신문이나 TV를 본다. 내가 부엌에서 일할 때 남편은 나와
가장 먼 베란다로 나간다.

심리적 거리는 물리적 거리에 비례하는 법이다. 함께 있고 싶
은 사람에게 우리는 어떤 행동을 하는가? 무의식적으로 가까
이 있고 싶어 한다. 그때 남편과 나의 심리적 거리는 생각보다
멀었나 보다.

큰아이는 틱장애로, 작은아이는 통제 불능과 느린 학습자로
심리검사를 받을 때까지 내가 어떤 아내인지, 어떤 엄마인지 알

지 못했습니다. 두 아이는 심리검사에서 엄마를 호랑이로, 아빠를 토끼로 묘사했습니다.

정말 이상하지 않나요?

그렇게 남편을 존중한다고 말한 나였는데 말입니다. 나도 엄마와 똑같이 남편을 대한 것입니다. 남편은 종종 이렇게 말합니다.

"그래, 네 팔뚝 굵다."

"너 잘났다."

나도 엄마처럼 모든 것이 나를 중심으로, 내가 통제할 수 있다고 생각했습니다. 무슨 일이든 내가 해야 한다는 생각에 사로잡혀 있었습니다.

내가 가장 잘났다고 생각하며 내 의견을 주장했습니다. 그런데 어디선가 자신 없음의 신호가 살짝 감지되면 더 강력하게 내 의견을 피력했습니다.

안쓰럽지 않나요?

어린 시절부터 나는 '척'해야만 살아남을 수 있었습니다. 그 '척'이라는 놈이 아내, 부모가 된 이후까지 집요하게 영향을 미칠 줄은 꿈에도 생각하지 못했습니다.

다른 학부모는 학교를 열 번 가도 한 번만 간 것 같은데 나는 한 번만 다녀와도 열 번 간 것 같습니다. 왜 그럴까요? 모든 행동에는 이유가 있듯이 다 그럴 만해 그렇겠지만 나는 억울했습니다. 그것이 정말 억울한 일이었을까요?

나를 바로 보기 위한 시도

상담 공부를 하면서 상담사가 되기 위해, 상처를 치유하기 위해 2년 동안 상담을 받았습니다. 내 안에 깊이 자리 잡은 상처를 치유하면서 폭풍 눈물을 흘렸습니다. 자신에 대한 연민과 아이를 통제한 데 대한 자책감과 죄책감에 젖었습니다. 그리고 곧바로 일상으로 돌아오면 아이들에게 어떻게 잘해 줄지 고민했습니다.

그런데 그 고민이 문제입니다. 그 고민은 이상한 방향으로 흘러가 버렸습니다. 상담이라는 지식을 방패 삼아 아이들을 양 떼 몰 듯 내가 원하는 곳으로 '워워' 몰고 간 것입니다. 나 자신을 기만하면서요.

그런 나 자신을 알아차린 것은 큰아이가 중학교 2학년 때였습니다. 이성적으로 도저히 납득하거나 이해할 수 없었던 큰아이의 사춘기 덕분이었지요. 그전까지 나는 나 자신이 어떤 일을 하고 있었는지, 무엇을 위해 그렇게 집중하는지 생각조차 해 본 적이 없었습니다. 다만 아이를 전문직 종사자로 키우기 위해, 명문대에 보내기 위해 해야 할 일이 너무 많았습니다. 나는 아이의 성공을 위해 물불 안 가리는 마스크를 쓰고 있었기에 그 어떤 생각도 들어올 틈이 없었습니다. 아니, 틈을 만들지 않았습니다.

자녀를 통해
나를 알아차립니다

엄마처럼 살고 있지 않다고 스스로 믿고 싶었고 그렇게 믿고 있었는지도 모르겠습니다. 아니, 세뇌하고 있었는지 모릅니다. ○○영어, ○○과학, ○○철학, ○○수학, ○○ 현장 학습, ○○ 태권도, ○○ 컴퓨터 등의 학원을 큰아이의 친구들에게 소개했습니다.

　나의 무의식은 전략을 짜고 있었던 것입니다. 그러나 나는 모른 척했습니다. 아이가 친구와 함께 다니면 재미있게 공부할 수 있을 거라는 생각에 사로잡혔습니다. 그러나 그 내면에는 아이를 통제하려는 욕구가 숨어 있었습니다. 그것은 큰아이 스스로 선택해 다람쥐 쳇바퀴를 돌았다고 믿게 하는 데 일조했습니다. 내 엄마가 내게 했던 것처럼 말이지요.

그러던 어느 날 큰아이가 통계청에서 주는 동상을 받았습니다. 유명한 강남 본원인 ○○어학원 시험 합격, 정보기기, 정보처리, 워드 등의 컴퓨터 자격증 취득, 한자 준3급 취득 등이 초등학교 5학년 때까지 이룬 큰아이의 업적입니다.

"○○이는 정말 대단하다. 강남에 있는 학원까지 다닌 거야?" "아직 어린데 컴퓨터 자격증을 어떻게 취득했어?" 이런 감탄에 "아니, 운이 좋았지"로 시작된 큰아이 자랑은 내 모험담이 되어 버립니다. 나는 봇물 터지듯 큰아이 이야기를 쏟아 내며 뿌듯함과 우쭐함, 잘난 척에 의해 입가에 만족스러운 미소가 지어집니다.

속마음을 들키지 않으려고 애썼지만 내 무의식은 알고 있었습니다. 그런 기분을 즐기고 싶은 마음이 내 안에 팽배해 있다는 것을요. 그러나 그 모험담은 주인공의 역할 거부로 막을 내리고 말았습니다.

대립

"도대체 저 엄마들은 아이 단속을 왜 저리 못 하지? 저 아이 부모는 뭐하는 사람인데 아이가 저 지경이 되도록 내버려두는 거야?"

큰아이 친구들의 부모에게 했던 말이다.

"아들아, 제발 ○○와는 놀지 마. 그 아이는 질이 안 좋다더라."

"엄마, 그 친구 부모도 나한테 똑같은 말을 할 거라는 생각은 안 해 봤어? 나도 똑같은 놈이야."

맞는 말이기는 하다. 그 부모도 분명히 내 아이에 대해 나와 비슷한 반응을 보였을 것이다. 하지만 큰아이의 말을 듣기 전까지는 그런 생각을 하지 못했다.

큰아이의 사춘기를 보며 나를 돌아봅니다. 내 사춘기는 언제였을까요? 대학교 4학년 때 나는 엄마와 말다툼 끝에 문을 꽝 닫고 들어가 문을 잠갔습니다. 그리고 귀가 터질 정도로 음악을 크게 틀었던 기억이 납니다. 그것이 내가 한 최고의 반항이었습니다.

그에 비해 큰아이의 사춘기는 상상을 초월했습니다. 사춘기 아이들에게는 매뉴얼이 있는 것 같습니다. 남학생들은 숨이 막힐 정도로 딱 달라붙는 바지, 여학생들은 자신의 맵시가 최대한 드러나게 달라붙는 윗도리와 짧은 치마를 입습니다. 헤어스타일은 어떤가요? 규칙을 넘나드는 머리카락 길이, 염색으로 개성을 최대한 뽐내느라 바쁩니다. 그들에게 규칙 따위는 없어 보였습니다. 그래서 사춘기 아이들에게 평범한 학교생활은 따분하고 지루

할 수밖에 없을 것입니다.

아이가 퉁퉁 붓고 피멍이 든 얼굴로 들어온다.

"걔는 나보다 더 망가졌어."

이보다 차라리 담배를 피우고 술을 마시는 게 훨씬 낫겠다는 생각이 들 정도다. 다행히 그날 이후 피멍이 든 채 들어온 적은 없었다.

'부앙!' 굉음을 내며 오토바이 두세 대가 지나간다.

"어휴, 아직 어린데 누구 집 자식인지 쯧쯧. 부모는 도대체 뭘 하기에?"

그 누구 집 자식이 내 아이일 줄이야! 나는 이 모든 일이 친구를 잘못 만난 탓으로 생각했다. 큰아이가 초등학교 5학년 때 내 계획대로 강남으로 이사를 갔어야 했다. 그것만큼은 절대로 양보하지 말았어야 했는데! 남편의 반대를 무릅쓰고라도 갔어야 했다. 이 모든 게 남편 때문이다.

문밖만 나가면 문제가 생긴다.

하루는 친구를 만나러 나가는 아이를 온몸으로 막았다.

"나를 죽이고 나가!"

악을 쓰며 소리를 질렀다. 중2 때 이미 170센티미터를 훌쩍 넘긴 건장한 청년이 된 아이와의 몸싸움. 겉으로는 바락바락했지만 마음속에서는 슬픔이 올라왔다. 화를 넘어서는 분노와 설움이 북받쳤다. 어쩌다, 어쩌다 이 지경이 되었을까? 네가 잘 되기만 바랐을 뿐인데…. 후회, 한탄, 슬픔이 몰려와 소리를 더 질러 댔다. 어쩌면 그것은 아이가 아닌 나 자신에게 지르는 소리였는지도 모른다.

필사적인 내 몸부림을 알아차렸을까? 30분이 지나자 아이의 태도가 누그러졌다.

"나, 저 창문으로 뛰어내린다."

그 말에 가슴이 철렁했지만 정작 내 입에서는 "정말 뛰어내릴 사람은 그런 말 안 하거든"이 튀어나왔다. 순간적으로 나도 놀라 움찔했다. '정말 뛰어내리면 어쩌지?' 걱정되었지만 이미 내뱉은 말은 주워 담을 수 없었다. 나는 얼른 말을 바꾸었다.

"도대체 왜 그러니? 제발 그 친구들 안 만나면 안 되니?"

한 번 더 모든 원인을 나를 제외한 큰아이의 친구들과 남편 탓으로 돌리고 있었다.

몸싸움에서 말싸움으로 2라운드를 시작하던 도중 아이가 이렇게 소리쳤다.

"엄마, 나를 이기려고 하지 마."

메아리치듯 내 귀에 울려 퍼진 그 말. 멈칫했다. 괘씸하다기보다 씁쓸함과 슬픔을 일으킨 말…. 내 내면에서 엄마에게 하고 싶었던 말이 바로 이거 아니었을까?

"나를 이기려고 하지 마!"

이 말의 속뜻은 무엇일까? 나도 한 인간으로서 존중과 인정이 필요하다는 강력한 메시지를 전달하고 싶었던 것은 아닐까?

엄마는 어떤 삶을 살았을까

잠시 싸움을 멈추고 아이 방에서 나왔습니다. 내 엄마도 이런 심정이었을까요? 인생의 선배로 자신이 밟은 시행착오를 되풀이하지 않고 조금은 쉽고 편하게 더 넓은 곳으로 향하기를 바랐을 뿐인데…. 굳이 그 험한 길을 똥인지 된장인지 찍어 먹으며 확인하려는 자식이 안타까웠을까요? 그래서 그토록 필사적으로 통제했던 걸까요?

모든 것을 희생하고 남편과 아이를 위해 살아온 내 엄마! 엄마는 어떤 삶을 살았을까요? 엄마는 자신을 진정으로 사랑했을까요?

내가 틀릴 수도
있습니다

사춘기 아이들의 우정은 부러울 정도입니다. 어떤 경우에도 친구 편에 서서 서로 필사적으로 보호해 줍니다. 그래서인지 그들의 우정은 날이 갈수록 *끈끈해지는* 것 같습니다. 그러나 그 *끈끈함* 이 아이들에게만 있는 것은 아닙니다.

아이들은 일탈을 위한 완벽한 알리바이를 만들기 위해 엄마 들끼리의 만남을 철저히 방해했습니다. 아이들의 엄마들은 서로 비난하면서도 만나고 싶어 했습니다.

엄마들 네트워크

큰아이가 속한 친구 무리의 한 엄마로부터 전화가 왔다. 너무

반가웠다. 그 전화는 우리 네트워크 결성의 도화선이 되었다. 서로 상식 이하라고 생각했던 엄마들이 드디어 한자리에 모였다. 엄마들은 곧 무장해제되었다. 자기 노출 상호 효과의 결과였다.

주라드^{Jourard}는 인간은 자신을 타인에게 노출함으로써 참자아 Real Self와 접촉할 수 있고 타인과의 관계를 발전시켜 준다고 주장했다. 자기 노출은 자신을 드러내 보여 주고 싶어 하는 기본적인 욕구를 충족시킬 뿐만 아니라 타인과의 관계를 더 깊이 있게 하고 친밀감을 느끼게 해 준다. 아이들은 부모에 대한 자신들의 생각, 자신의 일탈 행위에 대한 스릴 넘치는 모험담 등 은밀한 내용의 비밀을 꽤 많이 공유한다. 그리고 자신의 내면에 대해서도 상당히 많은 부분을 노출한다. 그 결과, 그들의 결속력은 타의 추종을 불허한다.

그런 결속력이 그들에게만 있는 것은 아니다. 엄마들도 아이들 덕분에 많은 부분을 공유하기 시작했고 아이들과 똑같이 함께 울고 웃는 영혼의 친구가 되었다.

일대일로 만나면 너무나 순진하고 평범한 아이들입니다. 그러나 그들이 움직이면 수습해야 할 문제가 생깁니다. 실제로 입이 쩍 벌어질 다양한 사건이 일어났습니다. 한 사건 수습 후 아이들은 일주일간 근신하겠다는 약속을 했습니다.

근신 주기인 일주일이 채 지나지도 않은 어느 날 전화벨이 급히 울렸다. 주방에서 부침개를 뒤집고 있던 나는 이런 내용의 전화를 받았다.

"○○ 엄마! 우리 아이들 근신 중 아니야? 그런데 아이들 지금 노래방에 있다는데 알고 있어요?"

사명감에 불타올랐던 나는 부침개를 뒤집다가 바로 튀어 나갔다. 엄마 4명이 노래방에 도착했다. 아이들은 태연히 여자친구들과 주인이 자리를 비운 노래방에서 가무를 즐기고 있었다. 어이가 없었다. A라는 아이가 주동했다는 것이다. 그렇다면 A의 엄마가 앞장서 조치하는 것이 일반적인데 눈치가 이상했다. A의 엄마는 내 뒤에서 몸을 사렸다. 그 순간 이상하다는 생각이 들었지만 A의 행동을 보고 곧 그 이유를 알았다.

여자아이들을 밖으로 내보냈다. 지금 집에 있어야 하는데 여기에 있는 이유를 물었다. 몇 명의 아이는 움찔하며 당황하는 기색이 역력했다. 그러나 A는 "뭐라는 거야?"라는 듯 냉소적인 비웃음을 지으며 노래방 밖으로 나가 버리는 게 아닌가. 나는 A의 뒤통수에 대고 말했다.

"A야, 지금 말하고 있잖아. 거기 안 서?"

순식간에 육탄전이 벌어졌다. 내가 A를 잡았기 때문이다. A는 나를 들어 바닥에 내동댕이쳤다. 반사적으로 나는 자석이 된 듯 A에게 매달렸다.

"여기서 이대로 나갈 수 없어. 이 상황을 설명해야지."

모두 당황하고 놀라 어쩔 줄 몰라 했다. 그때 큰아들의 분노 어린 눈빛을 보았다(나중에 들은 이야기인데 A를 패 주고 싶었다고 했다.). 나는 이 사건이 아이들 싸움으로 번질 수 있음을 감지해 A에게 매달린 채 소리쳤다.

"아이들을 다른 방으로 보내요."

A의 엄마에게 도움을 청하는 눈빛을 보냈다. 그 순간 나는 A의 엄마 눈에서 공포를 읽었다. 그녀는 떨고 있었다. 나가려고 발버둥치는 A와 못 나가게 필사적으로 막는 엄마들. 몸싸움은 꽤 오래 계속되었고 A의 몸놀림은 점점 누그러졌다.

이윽고 노래방 주인이 도착했고 경찰을 부르자는 의견이 나왔다. 그때 A와 그 엄마가 갑자기 내 앞에 무릎을 꿇고 잘못했다고 비는 게 아닌가.

모자의 이런 행동은 늘 그래 왔다는 듯 익숙해 보여 진정성이 느껴지지 않았습니다. 전학 온 지 얼마 안 된 A를 바라보며 '전에도 이와 비슷한 사건을 저질렀을까?'라는 의문이 들었습니다. 하지만 이 사건 하나로 A를 나쁜 아이로 낙인찍고 싶지는 않았습니다. 우리는 이미 네트워크로 결성된 가족이었기 때문입니다.

나는 진단서를 발급받기 위해 A의 엄마와 함께 병원으로 향했습니다. 전치 4주 진단을 받았습니다. 그 과정에서 A의 엄마에게 아이에게 맞은 적이 있는지 물어보았습니다. 수긍하는 그녀의 눈에 눈물이 고였습니다.

'이 상황을 아이들에게 어떻게 제대로 인식시킬까?'

이 상황이 얼마나 폭력적이었는지 A와 아이들에게 명확히 인식시켜야 한다고 생각했습니다. 나의 고민이 시작되었습니다.

인식의 발로

아이들은 부모와 합의한 약속을 어겼습니다. 그렇다면 그 이유를 공유하고 어떻게 할지에 대한 논의도 함께 하는 것이 필요했습니다.

노래방에 함께 있던 아이와 부모를 모두 우리 집에 모이게 했습니다. 부모들은 아이들의 이야기를 들었고 A는 나와 큰아들에게 진심으로 사과했습니다. 아이들은 부모들에게 다시 근신하겠다는 약속을 했습니다.

이후 A의 엄마는 아들이 조금씩 변하기 시작했다는 말과 함께 감사를 전해 왔습니다.

A의 엄마도 상처를 받았습니다. 부모도 자식에게서 상처를 받습니다. A도 그렇게 행동한 이유가 있을 것입니다. A도 부모의 과도한 기대 때문에 조금씩 일탈하며 지금까지 온 모양입니다. 가슴 아픈 일입니다. A의 부모는 단지 A가 잘 되기를 바라는 마음뿐이었을 텐데 말입니다. A의 부모도 나처럼 자식에게 큰 기대를 할 수밖에 없는 이유가 있었을 겁니다.

상처는 또 다른 상처를 낳습니다. 어린 시절 상처받았던 나나 상처를 받았을 거라고 합리적 의심을 하게 한 A의 엄마도 부모가 되었습니다. 그리고 우리는 아이들에게 상처를 주었습니다. 아이들이 자라 이 결핍을 안고 어른이 된다면 그다음은 어떤 그림이 그려지나요?

외형적으로는 성인의 모습이지만 내면은 보살핌이 필요한 어린아이일 수 있습니다. 그래서 성인이 되었더라도 완벽하지 않다는 것을 인정할 수 있어야 합니다. 내 안의 성숙하지 않은 모습이 있다는 것과 그만한 이유가 있음을 인정해야 합니다.

비욘Bjorn Natthiko Lindeblad의 저서 『내가 틀릴 수도 있습니다』라는 제목처럼 지금 내 안에 성숙하지 못한 내가 발동했기에 자신도 틀릴 수도 있다고 생각해야 합니다. 갈등 상황에 직면했다면 비욘이 제시한 마법의 주문을 세 번 되뇌어 봅니다.

"내가 틀릴 수도 있습니다."

그것이 나를 보호하고 타인을 이해하는 첫걸음입니다.

틀린 선택을 할 때도 있습니다

형의 사춘기를 보며 자란 작은아이.

형을 보며 열심히 공부를 잘하면 오히려 압박을 받는다는 것을 무의식적으로 알았을까요? 어떤 공부를 시켜도 받아들이지 않았습니다. 공부는 고사하고 자기 뜻대로 안 되면 길에 드러누워 고집부리기 일쑤였습니다.

나는 너무 창피하고 속상한 나머지 길에 드러누운 아이를 놔둔 채 숨어 버린 적도 있습니다. 엄마가 안 보이자 아이는 까무러치게 놀라 울부짖었고 나는 그 모습을 보며 통쾌해했습니다. 그정도로 아이가 미웠던 적이 있었습니다.

도대체 나는 어떤 엄마였을까요?

산만하고 고집쟁이였던 작은아이는 초등학교 입학 때까지 받침 한글과 10 이상의 덧셈을 하지 못했다. 학습 부진이 의심되어 심리검사를 받을 정도여서 작은아이에 대한 기대는 거의 없었다. 그런데 아이가 달라지기 시작했다. 3학년이 되자 공부에 슬슬 관심을 보였다. 좋아하는 여자친구가 생겼기 때문이다. 유치원 때부터 알고 지낸 J에게 호감이 생겼나 보다.

때마침 J의 엄마가 수학 과외 선생님이어서 작은아이와 J가 함께 하는 수학 그룹 과외에 대해 의논했다. J 엄마는 동의했고 작은아이도 흔쾌히 찬성했다. 그날 이후 학습 부진아로 생각했던 아이의 수학 성적이 조금씩 오르기 시작했다. 지랄 총량의 법칙이 적용된 것 같다. 이제 조금씩 사람이 되어가나 생각하니 안심이 되었다. 그러나 그것은 나만의 착각이었다.

초등학교를 졸업한 아이는 형과 같은 중학교에 배정되었다. 형과 달리 작은아이는 그 학교를 좋아했다. 그런데 중3 2학기 때 돌연 충남 ○○고등학교로 가고 싶다는 것이었다. 입학하려면 충남 소재 중학교를 졸업해야만 했다. 작은아이는 충남 소재 중학교를 졸업했고 자신이 원하는 ○○고등학교에 입학했다. ○○고등학교는 일반고였지만 기숙사가 있었다.

큰아이의 사춘기를 겪어 보았기에 나는 작은아이의 의사를 최대한 존중했다. 모든 게 순조롭게 돌아가는 것 같았다. 입학식이 끝나고 며칠 후 학부모 총회가 열렸다. 그런데 아이는 어이없는 말을 했다.

"엄마, 이 학교, 내가 생각한 그런 학교가 아니네."

뭐라고? 그토록 애써 논산까지 왔는데 이게 할 소리인가! 황당했지만 조금만 더 지나면 적응할 거라고 생각하며 대수롭지 않게 넘겼다.

입학한 지 2개월이 조금 지났을까? 아이는 또 어이없는 말을 했다.

"엄마, 나 파티셰가 되고 싶어. 자퇴할까 봐."

복장 터지는 일이었다. 느닷없이 파티셰? 당황한 마음으로 주말마다 논산으로 달려갔다. 주말에 부모가 방문하면 기숙사에서 나와 외박을 할 수 있었다. 아이와 함께 모텔에서 머물며 진지하게 대화를 나누었다.

작은아이는 "엄마, 나 공부는 아닌 것 같아. 현장 학습을 다녀왔는데 전문직을 하는 게 좋을 것 같아"라고 말했다. 그렇게 시작된 말을 들으며 내 안에서 끓어오르는 화와 분노를 억누르는 데 모든 에너지를 쏟았다. 뭔가 이상했다. 작은아이가 학기

초에 말했던 '내가 원한 학교가 아니다'와 '파티셰가 되고 싶어'를 떠올렸다.

아이가 서울로 올라오는 날 합의 하에 신촌에 있는 스터디 카페를 예약했다. 그때 나는 코칭을 배운 지 얼마 안 되었지만 아이를 고객으로 여기며 마음 고백 대화를 시작했다. 대화를 나누는 동안 아이의 내면에서 뭔가가 느껴진 모양이다.

1시간 10분쯤 지났을 무렵 아이는 이런 말을 했다.

"엄마, 나 왕따 당하는 것 같아."

가슴이 철렁했다.

'왕따 당하는 것 같다고? 그래서 파티셰가 되겠다고 한 거야?'

이 이야기를 하며 아이는 하염없이 눈물을 흘렸다. 가슴이 찢어질 듯 아팠다. 아이를 잘 키우려고 코칭을 배운 이유도 컸는데 결국 이런 일이 일어나다니! 너무 속상했다. 내가 뭔가 잘못하고 있는 것처럼 느껴졌다.

한참 울고 나더니 아이는 이렇게 말했다.

"이야기하니 마음이 편해졌어. 엄마, 나 서울로 전학시켜 줘."

큰아이 때의 시행착오를 두 번 다시 겪고 싶지 않아 지금 이 상황을 어떻게 해결할지 작은아이와 함께 고민했다. 결국 친구들과의 문제가 해결되면 전학시켜 주겠다고 약속했다.

다행히 아이는 친구 관계를 원만히 해결했다. 그러고 나서 전학시켜 줄 것을 요구했지만 내 마음속에는 나만 아는 엄청난 욕심이 숨어 있었다.

부슬부슬 장맛비가 내리던 어느 날 늦은 밤으로 기억됩니다. 전화벨 소리가 울렸습니다.

"엄마, 나 도저히 여기 못 다니겠어. 전학시켜 줘."

한참 실랑이하던 아이는 이런 말까지 하네요.

"엄마, 나 죽고 싶어."

그 말에 내 무의식은 곧바로 이렇게 반응합니다.

"뭐라고? 너 지금 나 협박하냐?"

'아뿔싸! 그렇게 질러 놓고는 곧 후회가 밀려왔습니다. 코치 활동을 하며 다른 사람들의 행복을 위해 노력한 나였습니다. 그런데 내 아들이 죽고 싶다고 말하는 이 대목에서 아이의 마음을 헤아리기는커녕 무의식 속에 있는 나의 욕심이 그대로 드러나는 말을 쏟으며 실랑이를 하다니요. 미안함이 몰려왔습니다. 그래서 전학시켜 주겠다는 약속을 바로 했습니다.

전학 후 어느 정도 안정을 찾고 나서 아이에게 물어보았습니다.

"○○고등학교에 가고 싶었던 진짜 이유는 뭐야?"

아이가 대답했습니다.

"사실 기숙사에 있으면 마음대로 게임할 수 있을 거라고 생각했어. 그런데 거기는 와이파이가 터지지 않잖아."

표면적으로는 부모의 욕구를 충족시켜 주는 것처럼 보이지만 자신의 욕구를 채우는 환경을 과감히 만들었던 작은아이!

아이는 '기숙사가 있는 학교에 들어가면 게임을 할 수 없다'라는 부모의 막연한 고정관념을 와장창 깨 주었습니다.

동시에 때로는 자신의 선택이 원하는 결과를 만들지 못할 수도 있다는 깨달음을 얻었겠지요.

과거의 나를
버립니다

얼마 전 친구들을 만났다. 오랜만의 만남이어서 기쁨 반 설렘 반으로 약속 장소로 향했다. 하지만 만난 지 2시간 만에 날벼락을 맞았다. 친구 A가 몇 년 동안 쌓아 둔 나에 대한 서운함과 섭섭함을 폭발시켰기 때문이다. 한 번도 들어 보지 않은 말이어서 나는 당황했다.

"맥주 한잔하며 하려고 했는데 이렇게 이야기하게 돼 유감이지만…."

이렇게 시작된 A는 할 말을 끝내고는 회의가 있다며 먼저 가 버렸다. 나는 "네가 그렇게까지 서운해할 줄 몰랐어. 미안해."라고 사과했지만 받아들여지지 않았다.

A가 서운해했던 사례 중 하나는 다음과 같습니다.

내가 도움을 청하려고 전화하면 A는 하던 일을 멈추고 몇 시간이라도 들어 주었다는 것입니다. A와의 통화를 곱씹어 봅니다. 내 생각은 달랐습니다. 물론 A에게 도움을 청해 정보를 얻기도 했지만 서로 간의 답답함, 푸념 등을 공유하며 공감한 것이 더 크다고 생각했습니다. 친구로서 얼마든지 나눌 수 있는 대화였지 일방적으로 '들어 주는' 전화 통화는 아니었던 것으로 기억합니다.

이런 내 생각을 전하는 순간 A는 큰 한숨을 쉬며 말을 잘랐습니다. "너 참!" 하며 나의 가장 아픈 부분을 찔렀습니다.

"그래서 네가 그들과 헤어지게 된 거야. 잘 생각해 봐."

내가 그들과 헤어진 것과 이번 일이 도대체 무슨 관련이 있나요?

한마디로 '너는 원래 그런 아이야! 너 자신을 좀 알아!'라는 말로 들렸습니다.

대상포진 후유증과 하혈로 얼마 전 자궁내막 수술을 받느라 체력이 고갈되어 배려가 부족했다, 적극적으로 도움을 주지 못해 미안하다고 말하는 내게 A는 이렇게 빈정거리듯 말합니다.

"나도 대상포진 걸려 봤거든! 나도 그 수술 받아 봤거든?"

별것 아니고 네 변명일 뿐이라는 말로 들렸습니다.

그 순간의 A는 그때까지 내가 알던 친구가 아니었습니다. 물론 A도 나를 그렇게 생각했을 겁니다. 또 다른 친구 B는 이 상황을 무마하기 위해 "그래, 네가 원하는 거 내가 들어 줄게"라고 말했습니다.

그 상황은 학창 시절의 기억을 소환했습니다.

나이는 숫자에 불과하다

어린 시절에는 친구들과 다투고 화해하기를 반복합니다. B는 공감을 잘해 주는 친구였습니다.

갤럽 강점 코칭에서 인간은 누구나 34가지 재능이 있다고 봅니다. 재능은 무의식적으로 생각하고 느끼고 행동하는 반복적인 패턴이지요. 그중 가장 많이 활용하는 재능은 상위 약 10가지인데 어떤 재능은 어떤 상황에서도 완벽에 가까운 성과를 지속적으로 나타내기도 합니다. 이것을 강점이라고 합니다.

B는 공감하기 위해 애쓰지 않아도 매우 자연스럽게 그런 행동이 나옵니다. 이것이 재능입니다. 이 재능이 강점으로 발휘될 때 굳이 말로 하지 않아도 상대방의 감정을 명확히 인식하고 표현할 수 있습니다.

때로는 미숙하게 발현될 수도 있습니다. 이 '미숙한 발현'은 지나치게 발현되거나 발현되지 않은 상태를 의미합니다. 지나치게 발현되면 타인에 대한 공감이 지나쳐 그와 동일시해 타인의 감정에 휘말리거나 극심한 기분 변화를 겪을 수도 있습니다.

어떤 경우에는 공감 재능이 10위 안에 있지만 발현하지 못하기도 합니다.

강점 진단은 하지 않았지만 B는 공감과 함께 화합이라는 재능을 발현하는 것 같았습니다. 화합은 갈등을 싫어하며 어떻게든 화해와 합의하려는 행동을 하게 합니다. 그래서인지 이런 상황에서도 매우 빠르게 "우리가 미안해. 어떡하면 되니? 그걸 들어줄게"라고 말합니다.

화합이 강점으로 발휘될 때는 어떤 갈등 상황에서도 공통점을 발견해 합의를 시도하며 실질적인 문제를 이야기하려고 하지만 그 반대일 때는 문제를 회피해 버리기도 합니다. B는 평화주의자로 갈등을 직면하는 것을 원하지 않았기에 A가 나가려는 상황에서도 계속 화해를 시도했습니다.

이해할 수 없는 A의 행동에 대해 뒷담화를 하다가 문득 40년 전과 같은 상황이 벌어지고 있음을 알아차렸습니다. 그 알아차림은 생각을 멈추게 했습니다. 나는 B에게 말했습니다.

"B야, 우리 예전에 A와 티격태격하고 나서 둘이 뒷담화하며 잠실대교 걸었던 생각 나니? 왠지 그때와 상황이 비슷한데?"

이 나이에도 과거와 똑같은 행동을 하고 있다니⋯. 그 생각의 멈춤은 40년 전 행동을 더는 하지 않겠다는 선택을 하게 했습니다.

나이는 숫자에 불과합니다. 40년 전 그때나 지금이나 A도 나도 객관적으로 나를 보지 못하고 있는 것 같습니다.

내가 틀렸을까, 네가 틀렸을까

누군가가 나에게 "네가 틀렸어. 너 자신을 알아"라고 지적했다고 가정해 봅니다. 나는 어떻게 반응하나요? 내가 맞으면 상대방이 틀린 것입니다. 이분법적인 이 생각은 과연 진실일까요? '내가 맞다'라는 이 생각이 자신만의 아성을 더 두껍게 높이 쌓아 타인과의 벽을 만드는 것은 아닐까요? 내가 틀릴 수도 있다는 생각은 전혀 하지도 않은 채 말입니다.

특별히 충격적인 사건을 겪지 않는 한, 과거의 생각과 행동방식을 고수하는 것은 당연합니다. 하지만 변화를 원하면서 그와 반대되는 행동을 하는 경우가 종종 있습니다.

변화를 원한다면 과거의 나를 버리세요. 하지만 버릴 수 있을까요? 버리지 못한다면 어떡해야 할까요?

아인슈타인의 명언이 떠오릅니다.

'똑같은 행동을 반복하면서 다른 결과를 기대하는 것은 미친 짓이다.'

내가 정말 옳을까요

컵이 있습니다. 어떤 사람은 하트가 있는 면을 보며 컵이라고 말합니다. 또 어떤 사람은 손잡이 쪽을 보며 컵이라고 말합니다. 또 다른 사람은 하트가 없는 뒷면을 보며 컵이라고 말하지요.

　모두 맞습니다. 각자 한쪽 면만 보며 그것을 컵으로 생각합니다.

　나도 한쪽 면, 타인도 한쪽 면만 보고 말하는 것은 마찬가지인데도 자신이 본 부분만 맞다고 우깁니다. 그렇게 우기다가 확신을 가집니다. 그리고 어느새 고정관념이 돼 버립니다.

내가 보는 쪽이 전부가 아니다

내가 보는 쪽에서의 컵이 진짜라는 것을 증명하는 것이 중요한가요? 아닐 겁니다. 물론 '내가 맞다. 네가 맞다'라는 판단이 중요할 때도 있지만 각자의 측면에서 보면 모두 맞는 말입니다. 다만 보는 관점이 다를 뿐입니다.

이런 생각의 차이는 자신의 생각이 맞다는 주장과 일치하는 정보를 긍정적으로 평가해 그 정보를 활용하고 일치하지 않는 정보는 제외시켜 버립니다. 이런 현상을 닉커슨^{Nickerson}은 확증 편향^{Confirmation Bias}이라고 합니다. 이런 현상이 계속되면 어떻게 될까요? 결국 진흙탕 싸움으로 번지는 것은 시간문제입니다.

지인과 가볍게 차 한 잔하는 자리였다. 지인은 조직에서 팀원한 명을 평가하려는데 자신과 팀원들의 관점이 달라 갈등이있었다고 말한다. 지인은 그 팀원을 긍정적으로 평가한 이유에대한 질문에 답변을 하다가 마치 누군가가 '얼음'이라고 외친것처럼 잠시 멈추었다.

"아, 그랬네. 그 직원과 나를 동일시하고 있었네요. 그래서 내가 더 긍정적으로 평가했나 보군요."

그는 그 직원의 입장과 자신의 입장을 동일시한 사실을 알아차렸다. 지인은 리더로서 그 직원처럼 다른 직원들도 심리적으로 동등하게 대하려면 어떻게 해야 하는지 새로운 과제를 알았다며 감사를 표했다.

상대방이 틀렸고 내가 맞다는 시시비비를 가리는 것보다 컵에 무엇을 담을 것인지, 컵을 어떻게 사용해야 하는지, 그 컵을 사용할 때 나와 타인 그리고 우리가 충족시키고 싶은 욕구가 무엇인지, 그 욕구를 충족하기 위해 필요한 것은 무엇인지 등 이 컵을 통해 이루고 싶은 궁극적인 목적을 생각하는 것이 더 중요할 수 있습니다.

코칭으로 나를
인식합니다

오랫동안 상담을 받아 웬만한 상담 이론을 꿰고 있는 고객을 만났습니다. 고객은 자신의 불안과 두려움 때문에 가족과의 관계, 친구, 지인들과의 관계가 원만치 않은 이유에 대해 어린 시절의 상처와 연결시켜 너무 잘 인식하고 버티고 견디며 지금 여기에 이르렀다고 했습니다.

그런 그에게 요즘 무슨 일이 일어난 걸까요?

고객 C님의 목소리에 지난 코칭 때와 다른 에너지가 느껴져 질문했다.

"지난 시간과는 에너지가 다르게 느껴지는데 지금 마음이 어떠세요?"

C님은 현재 에너지가 너무 낮다고 말하며 하지 말아야 하는 행동을 반복적으로 하는 자신에 대한 좌절과 그렇게 만든 상대방에 대한 원망을 쏟아 냈다. C님의 이야기를 적극적으로 경청하며 코치 역할에 충실했다. 너무 충실한 것이 문제였다. 자신의 내면에 대해 모든 것을 알고 있는 C님이 진정으로 원하는 목표를 정할 수 있도록 질문했다.

그런데 질문에 답변하는 C님의 태도가 이상하다. 마치 '그래, 당신 질문에 대답은 해 줄게'라는 듯 건성으로 말하는 게 느껴졌다. 그 순간 코칭을 멈추고 코치로서 솔직한 느낌을 말했다. "C님! C님의 답변을 들으면서 느껴지는 제 느낌과 생각을 말씀드려도 될까요?"

그러자 C님은 나를 밀쳐 내듯 "코치님은 내가 에너지가 없다는 걸 처음부터 아셨잖아요. 그리고 코칭 시작 시점에 저는 에너지가 없으면 말할 기운이 없다는 것도 말씀드렸어요. 그런데 코치님은 계속 질문만 하셨잖아요?"라고 답변하는 것이다.

진정한 나를 찾아

갑자기 훅 들어온 펀치에 너무 당황스러워 머릿속이 온통 하얘졌습니다. 그리고 내면의 한쪽에서 슬며시 화가 올라오는 것이 느껴졌습니다. 그 화는 이렇게 말하는 것 같았습니다.

'C님이 내면에서 어떤 역동이 일어나는지 알고 있기에 정말 원하는 것을 함께 정하자고 하는 것이 그렇게 잘못된 일인가?'

'한 시간이란 짧은 시간 동안 공감과 인정만 해 주며 끝나는 것은 C님이 원하는 게 아닐 텐데….'

동시에 나는 나 자신에게 이런 질문을 해 보았습니다.

'지금 고객과 마음으로 연결되어 있나? 고객과 지금 여기 함께 있나?'

아닙니다. 거기에는 억울한 나, 변명하는 나, 질문의 선한 의도를 이해받고 싶어 하는 나가 있었습니다. 고객과 함께 존재하며 마음을 공감하는 코치는 거기 없었습니다.

여러 가지 나가 내면에 존재하고 있다는 것을 알아차렸습니다. 그런데 그 알아차림은 누가 하는 걸까요? 그 알아차림을 하는 나는 다양한 나를 알아차리게 하는 동시에 올바른 선택을 할 수 있는 찰나의 시간을 제공했습니다. 이 공간은 내가 합리적인 의사결정을 하게 합니다. 이렇게 나를 알아차리는 과정 자체가 진정한 나를 찾아가는 여정이 아닐까요?

공감과 수용 먼저

C님과의 코칭에서 잠시 하던 말을 멈추었습니다. 그리고 상상해 봅니다. 2개의 의자에 한쪽에는 코치가, 다른 한쪽에는 고

객을 앉힙니다. 그리고 그 자리를 바꾸어 봅니다. 고객의 의자에 코치가 앉아 있다고 생각하니 고객의 입장에서 어떤 마음이었는지 이해되었습니다.

"그러셨네요. 에너지가 없는 상태에서 질문을 받고 답하시느라 더 힘드셨겠어요. 힘드신데 제가 더 힘들게 해 드린 것 같아 너무 죄송하네요."

"그런 상황에서도 답해 주시는 C님의 마음에서 저에 대한 깊은 배려가 느껴졌습니다. C님은 어떻게 생각하세요?"

코치의 솔직한 자기표현에 저항적이며 경직되었던 C님은 한결 부드럽고 유연한 목소리로 대답했습니다.

"그렇죠? 코치님에 대한 신뢰가 있어요. 그래서 다른 사람들에게 대하는 것과 달리 말하고 싶지 않아도 대답을 했어요. 코치님에게는 그러고 싶지 않아서요."

코치의 알아차림은 C님의 알아차림을 불러일으켰고 C님과 코치는 불편함을 직면했습니다. 그것은 C님으로 하여금 다른 사람들과의 관계를 풀 수 있는 '내 안의 다양한 나들의 통합'이라는 열쇠를, 코치는 내면 알아차림과 취약성을 솔직히 드러내는 것에 대한 중요성을 인식하는 소중한 경험이었습니다.

제3장

불편한 나ego를
인정하다

불편한 소리를
받아들입니다

꼬리에 꼬리를 무는 생각의 만리장성은 우리를 괴로움의 함정
속으로 깊이깊이 빠져들게 합니다. 척하는 인생을 살았습니다.
괜찮은 척, 씩씩한 척, 모두 내려놓은 척. 그러나 내면에 불편한
진실이 있다는 사실을 나 자신은 알고 있습니다.

『내가 틀릴 수도 있습니다』에 적힌 사례가 떠오른다. 비욘의 어
머니가 비욘의 스승인 아잔 파사노 스님에게 수행을 시작하고
얼마 만에 가족을 만났는지 물었다. 아잔 파사노 스님은 16년
만에 가족, 친척과 함께 명절을 맞았던 일을 이야기했다.
어느 늦은 밤, 스님은 위스키를 마시던 사촌과 마주 앉았다. 사
촌은 갑자기 스님에게 위스키를 권했다. "한 잔 마실래?" "괜

찮아, 내가 속한 종파는 술을 마시지 않아." "에이, 뭘 그래?"
사촌은 계속 술을 권했다. "누가 알겠어? 그냥 한잔해."
스님은 사촌을 바라보며 조용하지만 분명한 어조로 이렇게 말
했다.

"내가 알겠지."

자기합리화가 만든 생각의 꼬꼬물

생각의 꼬꼬물은 우리에게 불편한 진실이 있음을 알리는 신
호입니다. 〈과거의 나를 버립니다〉에서 친구를 만난 날도 나의
반사적인 습관적 반응이 올라왔습니다.

'정말 왜 저러는지 이해가 안 되네. 이만큼 도와줬으니 저만
큼은 도와줘야 한다는 생각으로 계산이라도 해 둔 걸까? 나도 도
와줄 수 있을 만큼 분명히 도움을 주었다고 생각했는데 잊어버
린 건가?'

'지금은 상황이 안 되어 도와주지 못하는 건데. 자신이 원하
는 만큼 도와주지 않는다고 이렇게 갑자기 폭발해 버리다니. 영
문도 모른 채 당한 사람은 마른하늘에 날벼락이지.'

이런 생각이 들자 슬슬 화가 끓어올랐습니다.

객관적인 사실보다 생각에 기반한 자신의 주장은 굉장히 논
리적이고 그럴듯합니다. 왜냐하면 나 자신이 짜 놓은 판이기 때

문입니다.

'나는 너를 이미 많이 도와주었어. 그때는 상황이 좋지 않아서 너를 도와주지 못한 것은 당연한 거 아냐?' 몇 년 동안 쌓아두었다는 그 기억이 사실이니? 생각이니? 너는 알고 있니? 네 생각이 틀릴 수도 있다는 걸? 사람들은 기억하고 싶은 것, 생각하고 싶은 것, 듣고 싶은 것만 듣는 게 일반적인데'라며 내가 배운 온갖 지식을 총동원해 자기합리화하기에 바빴습니다. 그리고 이런 생각은 생각의 꼬꼬물로 만리장성을 쌓습니다. 그런데 한쪽에서 너무 작아 무시할 수밖에 없는 불편한 진실의 소리가 들립니다.

'알자(알아차림의 연결자)야! 그때 많은 일을 빨리 끝내야 한다는 강박과 조바심에 휘둘려 잠시 멈출 수 있었는데도 그 시간을 확보하지 않은 것은 사실이잖니!'

불편한 진실 수용하기

불편한 진실은 바로 내 안에 정말 보여 주고 싶지 않은, 보기 싫은 면이 있다는 신호를 보냅니다. 겉으로는 리더이지만 내면에는 힘없는 팔로우였던 나처럼 말입니다.

그런 나를 인정하고 싶지 않아서, 그런 내가 결코 아니어야 했기에.

약한 나를 보호하고 싶었을까요? 내가 옳다는 생각으로 더 견고하게 방어막을 치며 저항하고 있었던 것은 아닐까요?

그 저항과 방어막에서 비롯된 생각의 꼬꼬물은 괴로움의 함정을 향해 시속 30미터, 50미터, 200미터로 달립니다. 그리고 결국 그 함정 자체가 되어 갔습니다.

생각의 함정이 곧 내가 되면 빠져나갈 수 없었습니다. 생각은 나를 그 생각과 동일시하게 만들거든요. '우울을 느끼고 있는 나'가 아닌 '우울을 곧 나'로 생각하게 했습니다. 우울한 감정이 곧 나라면 벗어날 수가 없지요. 능력이 없다는 생각이 나라면 어떻게 벗어날 수 있겠습니까? 내가 곧 능력 없음인데요. 이 동일시가 바로 생각의 함정입니다.

우리는 괴로움을 피하려 합니다. 분명 안 해 본 일을 하면 힘들고 서툴게 한다는 것을 잘 알고 있습니다.

그 힘듦에서 기인하는 부정적 감정들을 느끼고 싶지 않습니다. 그런 모습을 다른 사람에게 보이고 싶지 않습니다. 또한 그런 나를 나조차 보고 싶지도, 인정하고 싶지도 않습니다. 서툰 모습 자체를 보이는 것이 스스로 용납이 안 되나 봅니다.

시험공부를 해야 한다고 생각만 하면서 100점 맞기를 바라는 것처럼 전문성을 갖추기 위해 거쳐야 할 괴로운 과정이 있음에도 그 과정을 건너뛰고 완벽한 모습만 보이길 원하는 마음이 큰

듯합니다. 성장과 성숙에는 기다림이 필요한데도 말이지요.

생각의 함정에서 빠져나오려면

생각의 함정에서 빠져나오려면 어떻게 해야 할까요?

서툴고 마음에 들지 않는 내 모습일지라도 있는 그대로 받아들여 보세요.

나는 리더로 부족하다는 사실을 동료들에게 이야기했습니다. 그러나 이것은 진심이 아니었나 봅니다. 말로는 부족하다고 말하면서 내면에서는 그것을 겸손으로 생각했습니다. 그리고 스스로 그 겸손함을 말하는 나 자신을 대견하게 생각했습니다. 그때 나는 내가 잘하고 있다고 생각했습니다.

그 겸손함이 동료들을 일에 몰입할 수 있게 한다고 생각했습니다. 그러나 그것은 나만의 착각이었습니다. 동기부여는 내가 말해서가 아니라 동료들이 '리더로서 알자는 겸손하다', '진정으로 우리를 존중하고 배려하고 있다'라고 느끼게 해야 합니다. 말로만 수평적이었지 수직적인 리더십을 발휘하고 있는 나 자신에 대해서는 전혀 인식하지 못했습니다.

그러다 보니 갈등이 불거져 나오기 전까지는 객관적으로 나를 인식하고 있다고 생각했습니다. 코치형 리더로서 진솔한 소통을 하고 있다고 착각하고 있었습니다. 결과적으로 헤어짐을 겪어야 했습니다. 헤어짐으로 리더십 부족을 확인했고 현실을 가감 없이 있는 그대로 받아들여야 했습니다.

이런 결과는 타인들의 가십거리가 될 수 있다는 것, 실제로 무시받을 수 있다는 나의 생각도 받아들였습니다. 당연히 일정 부분은 비난의 소리를 들을 수 있습니다. 내가 한 행동이 있으니까요. 그 소리 때문에 괴로울 수 있습니다.

그런 소리를 듣고 싶지 않은 마음 한편에서 내가 잘했던 말과 행동이 떠올라 억울함과 화가 올라올 수도 있습니다. 상대방을 나쁜 사람으로 몰아가기도 합니다. 그래야 내가 좋은 사람이 되니까요.

부족한 나 인정하기

부족한 나를 받아들이는 것은 남 탓으로부터 자유롭게 합니다. 나는 '부족한 나도 나의 모습의 일부'임을 온 마음으로 받아들였습니다. 그런데 그 모습을 인정하는 기저에는 전제가 있습니다. '나는 끊임없이 성장하고 있고 오늘의 나와 내일의 나는 다르다!'라는 나 자신에 대한 믿음과 신뢰입니다.

지금은 잠시 함정에 빠졌지만 그런 나를 질책하고 비난하는 대신 지금 나의 상태가 '딱 이 정도의 리더십을 발휘할 수 있는 상태야'라고 받아들이는 것.

이것은 나를 비난하는 게 아닙니다. 객관적으로 자신을 바라보는 것이지요. 이것은 있는 그대로의 모습으로 나를 인정하게 하고 앞으로 나아갈 방향을 제시해 줍니다.

그다음 해, 유사한 상황이 발생했습니다. 과거에는 리더십 부족으로 사랑하는 사람들을 떠나보냈지만 이번에는 그럴 수 없었습니다. 이번에는 과거와 다르게 행동했습니다.

결과는 어땠을까요? 사랑하는 사람들을 지키면서 프로젝트를 완수할 수 있었습니다.

고통의 실체를
살펴봅니다

『마음에서 빠져나와 삶 속으로 들어가라』에서는 인간의 고통을 2가지로 보고 있다.

실재의 고통Pain of Presence과 부재의 고통Pain of Absence이다. 실재의 고통은 실재하고 없어지기를 바라는 문제를 의미하며 부재의 고통은 실제 고통과 달리 실제 고통 때문에 참여하지 못한 활동에 대한 고통이라고 말한다.

예를 들어, 실재의 고통은 강의 평가가 안 좋아 느끼는 괴로움을 의미하며 부재의 고통은 그것과 더불어 강의 평가가 나빠 '다음 강의를 맡지 못하면 어쩌지?' '재임용이 안 되면 어쩌지?' '강의 시장에서 사장되면 어쩌지?' 등의 생각으로 점점 긴장하고 위축되는 것이다. 이것은 새로운 시도로 강의하려는 생각을 내려놓거나 수강생들을 마주하는 것이 불편감으로 다가와 강의 참여를 점점 꺼릴 수 있다.

즉, 실재의 고통인 강의 평가를 나쁘게 받은 것보다 생각이 낳은 부재의 고통이 더 큰 고통을 준다는 의미다. 부재의 고통이 바로 생각의 꼬꼬물이며 이것은 자신을 생각의 함정에 빠뜨리는 것은 물론 허우적거릴수록 더 깊이 빨리 그 함정 속으로 빠져들게 한다.

사실일까, 생각일까?

얼마 전 지인인 리더를 만났습니다. 팀원들과의 갈등으로 힘들어하고 있었습니다. 팀원들의 태도는 리더십 부족을 자책하게 했지만 속상함과 억울함도 느끼게 했습니다. 그 감정은 한 팀원이 무례하게 굴었던 기억까지 소환했고 그 생각들은 거의 기정사실이 되어 갔습니다.

'나를 무시하지 않는다면 다른 직원들 앞에서 그따위로 행동할 수는 없을 거야. 앞으로 어떻게 마주할지…'라는 생각의 꼬꼬물이 엄청난 소용돌이가 되어 리더 자신을 삼켜 버렸습니다. 리더에게 질문했습니다.

"그것은 사실일까요, 생각일까요?"

리더는 멈칫하더니 대답했습니다.

"아, 그건 제 생각이네요. 그런데 신기하네요. 내 머릿속에 있을 때와 달리 이야기하니 가슴이 후련하네요. 생각이 정리되고 명료해지고요. 상황이 달라진 것도 아닌데 말이지요."

고통과 마주할 용기

생각의 꼬꼬물의 왕성한 번식력은 막을 수가 없습니다. 그것은 바위만 한 고통을 고통의 산으로 느끼게도 하지요. 고통의 산을 마주한다고 생각해 보세요. 아마도 그런 생각 자체를 하고 싶지 않을 겁니다. 그래서 회피하게 됩니다. 그런데 회피한다고 고통이 없어질까요?

심리학자 댄 웨그너Dan Wegner는 실험 참가자를 두 그룹으로 나누어 한 그룹을 흰곰을 생각하고 다른 한 그룹을 흰곰을 생각하지 말라고 지시했습니다. 두 그룹 중 어느 그룹이 더 많은 흰곰을 떠올렸을까요?

흰곰을 생각하지 말라는 지시를 받은 그룹이 더 많은 흰곰을 떠올렸습니다. 어차피 제거할 수 없는 고통이라면 그 크기가 조금이라도 적을 때 마주하는 것이 낫지 않을까요? 실재의 고통과 부재의 고통을 구분하는 것은 적어도 바위만 한 고통을 산처럼 느끼게 하지는 않습니다. 그래서 그 고통과 마주할 용기를 낼 수 있게 합니다.

투사를
알아차립니다

리더십 능력이 부족했음을 인정합니다. 나 대신 누군가가 해 주길 바라는 마음이 컸습니다. 그리고 무엇보다 의지할 사람이 필요했던 것도 사실입니다. 무늬만 리더였을 뿐 연약한 팔로워였습니다. 내면에서는 '나를 따르라'며 이끌어 주는 누군가가 나타나 주길 간절히 바랐습니다.

'돈을 빌려줄 때는 받을 생각하지 말고 빌려주어라. 공덕을 베풀 때는 대가를 바라지 말라'라는 말이 있습니다. 내가 개발한 코칭 기법으로 함께하기를 원했기에 내 것을 아낌없이 내놓았습니다. 동기부여를 위해 지분도 똑같이 나누었습니다. 그런데 나는 아낌없이 내놓은 게 아니었나 봅니다.

마치 아이들이 원치도 않은 학원, 그것도 최고로 비싼 유명

학원을 알아보며 "여기가 얼마나 유명한지 알아? 힘들게 등록했으니 너희는 공부만 열심히 하면 돼!" 하는 것처럼.

아이는 원하지 않았고 합의한 사항도 아닐 겁니다. 부모의 일방적인 노력은 '이런 환경에서 아이들은 당연히 열공(열심히 공부)해야 해!'라는 자동적 사고를 유발합니다. 부모의 엄청난 노력이 투입된 그 기준은 생각보다 꽤 높습니다.

동기부여를 했던가

아이들은 어떻게 생각할까? 아이는 그런 고급 학원을 알아봐 달라고 부탁한 적도 없고 원하지도 않았다. 심지어 다른 데 관심이 있어 그 공부는 하고 싶지도 않다. 그러니 단지 수동적으로 따라갈 수밖에. 그나마 학원을 다녀 준다면 다행이다. 그러나 부모는 예습, 복습은커녕 가방만 들고 형식적으로 오가는 행동 자체가 이해되지 않을 것이다. 더구나 점점 떨어지는 성적은 부모들을 미치게 한다. 화가 난 부모는 아이가 자발성이 없다고, 성적이 오르지 않는다고 꾸짖는다. 아이는 자신이 왜 이런 야단을 맞아야 하는지 이유를 알 수 없다.

상황을 돌이켜보면 '내 것을 내놓았다'라는 말은 그들에게는 생색내는 것으로 들렸을 것입니다. 또한, 그 이야기를 들을 때마다 열심히 하라는 채찍질로 받아들일 수 있습니다. 서로 원하는 것에 대한 합의가 명료하게 이루어지지 않아 동기부여가 안 될 수밖에 없었습니다.

나는 부모 마음처럼 열심히 일하지 않는 것에 대한 불만이 쌓여 갔습니다. '내가 너를 어떻게 키웠는데 내게 이럴 수 있어?'라는 표현이 스칩니다. 어쩌면 내 무의식에서는 '내가 이렇게까지 했는데 왜 열심히 안 하지?'라고 말하는 것인지도 모르겠습니다.

내가 보석이라고 생각해 그들에게 준 것들이 정작 그들에게는 보석이 아닐 수도 있음을 간과한 겁니다. 내가 생각한 보석을 상대방도 보석이라고 인정하려면 어떡해야 할까요? 상대방 스스로 보석이라고 의미부여를 할 수 있도록 진정한 소통을 했어야 했습니다. 동시에 기다림이 필요했습니다. 그런데 나는 그들과 진정한 소통도 하지 못했고, 그들에게 의미를 부여할 시간도 주지 않았던 것 같습니다.

투사의 의미

현재 시점에서 생각해 보면 동기부여가 되지 않은 상태에서 주어진 일만 해 준 것도 고맙다는 생각이 듭니다. 거기에 자발성까지 바랐으니 어불성설이네요.

그들이 나를 무시한다고 생각했습니다. 그런데 내면을 가만히 들여다보니 무시한 건 그들이 아닌 바로 나 자신이었습니다. 너무 힘들어 누군가에게 의지하려는 약한 마음이 드는 나 자신을 스스로 무시한 것 같습니다.

이것을 '투사Projection'라고 합니다.

예를 들어, 누군가가 자신을 오만하고 거만한 사람이라고 생각하는 것이 싫어 자신의 오만함과 거만함을 부인하며 다른 사람을 오만하고 거만한 사람으로 생각하는 것입니다. 이런 투사는 방어기제 중 하나입니다. 방어기제는 이성적으로 불안을 직접 통제할 수 없을 때(불안하거나 붕괴 위기에 처한 자아ego를 보호하기 위해) 인간이 무의식적으로 사용하는 사고와 행동 수단입니다.

방어기제 알아차림

프로이트Freud는 불안을 자아에게 위험을 알리는 신호로 보았고 외부 혹은 나의 감정, 생각, 충동 등으로부터 자신을 보호하기 위해 다양한 방어기제를 사용한다고 생각했습니다. 그 방어기제는 자신을 보호한다는 점에서는 유용하지만 그것을 과다하게 사용할 경우, 심각한 심리적 문제를 야기하고 다른 자아 기능을 발달시키지 못하게 할 수 있습니다.

우리는 이 방어기제를 알아차리고 선택적으로 유연하게 사용할 수 있어야 합니다. 이러한 방어기제에는 투사^{Projection}, 억압 ^{Repression}, 부인^{Denial}, 치환^{Displacement} 등이 있습니다.

억압은 현실이 너무 고통스러워 무의식 속으로 억눌러 버리는 것입니다. 이것은 의식적으로 생각과 느낌을 눌러 버리는 억제^{Suppression}와는 다릅니다. 부인은 고통스러운 현실을 인정하지 않는 것으로 사랑하는 사람의 죽음 혹은 배신당한 사실을 인정하지 않는 것 등이 해당합니다. 치환은 자신의 감정을 엉뚱한 대상에게 발산하는 것으로 '동대문에서 뺨 맞고 서대문에서 화풀이하는 것'입니다. 예를 들어, 부부싸움을 하고 출근한 남편이 부하직원들에게 화를 내거나 집에서 아내가 아이들에게 신경질을 내는 것입니다.

4가지 질문

바이런 케이티^{Byron Katie}는 저서 『네 가지 질문』에서 모든 사람은 거울에 비친 자신의 모습이라고 말했습니다. 그들은 4가지 질문과 뒤바꾸기로 내면을 탐구하며 평화를 경험하게 합니다.

그 4가지 질문은 첫째, 그것이 진실인가요? 둘째, 그것이 진실인지 확실히 알 수 있나요? 셋째, 그 생각을 생각할 때 어떻게 반응하나요? 넷째, 그 생각이 없다면 당신은 누구일까요? 그리고 상대방에 대해 이야기한 내용을 자신의 이야기로 주어를 바꾸어 표

현합니다. 예를 들어, '나는 엄마 때문에 화가 나고 슬프다. 엄마
는 나를 계속 판단한다'는 진술에 4가지 질문을 하고 답합니다.
그리고 바꾸기에서 다른 사람을 나로 바꾸어 '나는 나 때문에 화
가 나고 슬프다. 내가 엄마를 판단하기 때문이다'로 표현합니다.

그들의 4가지 질문과 뒤바꾸기는 다른 사람에 대한 자신의
투사를 알아차리는 방법과 저항하지 않고 자신을 있는 그대로
받아들이는 방법을 제시한 것입니다. 투사하고 있다는 사실을 알
아차리는 것 자체가 마음의 평화를 얻는 가장 중요한 요소이기
때문입니다.

만약 그때 내가 투사하고 있다는 것을 알았더라면 나는 리더
로서 어떤 모습을 보였을까요?

투사된 내 모습

알아차림Awareness은 국제코치연맹과 한국코치협회에서 제시한,
코치로서 가져야 할 핵심 코칭 역량 중 하나이자 펄스가 창안
한 게슈탈트 치료의 핵심 개념 중 하나다.

펄스는 알아차림을 하는 자체가 치료적이라고 말했다. 게슈탈
트 치료 이론에서 알아차림은 현재 자신의 삶 속에서 일어나

는 모든 현상을 방어하거나 피하지 않고 '있는 그대로' 지각하고 체험하는 행위를 말한다. 알아차림은 다차원적 지각(감각적, 감정적, 인지적, 지각적, 행동적 차원)을 의미하며 흔히 우리가 비슷하게 사용하는 자각이라는 용어와 구분해야 한다. 자각은 인지적 지각, 개인의 내적 상태에 대한 지각 등을 의미하며 자의식Self-Consciousness(자신을 대상화해 관찰·응시하는)과는 구별된다. 즉, 알아차림은 자의식과 달리 자신의 생각, 감정, 신체 감각, 욕구, 행동, 환경, 상황 등 모든 내적·외적 현상을 있는 그대로 지각·체험하는 것을 의미한다. 이 알아차림은 누구나 가진 능력이다.

－ 김정규, 『게슈탈트 심리치료』 참고

나는 코치입니다. 코치로서 코칭할 때뿐만 아니라 삶 속에서 코치다운 태도(중립적 마인드, 무조건적인 존중, 일치성 등)를 구현하고 싶었습니다. 하지만 아는 것과 행하는 것 사이의 차이는 너무 컸습니다. 아는 것을 행하는 것이 왜 그리 힘든 걸까요?

알아차림 훈련을 하고 있다. 닉네임도 '알아차림의 연결자'라고 했다. 친구 A에 대한 생각의 꼬꼬물 함정에 빠지고 있음을 알아차리고 잠시 멈추었다. 그리고 나에게 질문했다. 'A가 친

구가 아니고 고객이었다면 나는 어떻게 행동했을까?'

코치로서 나는 경청했을 것이다. A의 욕구가 무엇인지에도 귀 기울여 들었을 것이다. 그런데 그러지 못했다. A의 말에 저항하고 있었기 때문이다. 내 안에서 이런 목소리가 들려왔다.

"A야, 너 지금 나에 대해 잘못 알고 있어. 너도 투사하고 있다는 걸 알고 있니?"

A는 방어적인 내 태도를 느껴 더 화가 났을 겁니다. 이 과정에서 몰랐던 사실을 알았습니다. 친구 B와 통화하면서 A의 행동을 이해하게 해 주는 과거의 기억이 소환되었습니다.

투사로 이해하는 나와 너

과거 A의 행동이 잘난 척하는 것으로 보여 B와 내가 피드백을 주었다는 겁니다. '잘난 척'은 내 전유물입니다. 그런데 그런 내가 A에게 너무 잘난 척하지 말라고 했다는 겁니다. 그런데 이상합니다. 내 기억에서 그 부분은 무엇 때문에 삭제되었을까요? B는 그 내용을 어떻게 기억하고 있었을까요?

"그때 A의 엄마가 내게 전화했어. A가 밥도 안 먹고 울기만 하는데 무슨 일 있었냐고. 그래서 우리가 좀 싸웠다고 말했던 기억이 나. A의 엄마에게 'A에게 잘난 척하지 말라고 했어요'라고 할 수는 없잖니?"

모든 것이 연결되고 이해가 갑니다. 나는 안 그런 척, 잘난 척… '척' 인생을 살아왔습니다. 투사가 일어난 겁니다. A가 척해서 짜증이 났다기보다 내 안에 존재하는 척하는 '나'가 더 싫었던 것 같습니다. 미안함이 몰려왔습니다.

'고등학생 때의 상처가 지금 서운함의 폭발과 관련 있지 않을까?'라는 막연한 추측을 해 봅니다. 이 추측이 맞는지 아닌지는 그렇게 중요한 것 같지 않습니다. 다만, 내가 투사하고 있었다는 사실이 중요한 것이지요.

A와의 경험은 부정적이지만 투사된 내 모습 하나를 또 발견하게 했습니다. 또한, A의 "너 자신을 알아"라는 말은 불편한 진실을 마주하는 계기가 되었습니다. 이런 내 투사 경험은 〈틀린 선택을 할 때도 있습니다〉에서 사례로 들었던 작은아이에게 알아차림을 불러오게 하는 계기도 되었습니다.

"엄마, 그때 왕따는 아니었던 것 같아. 아이들과 잘 지냈거든. 그런데 그때는 뭔가 내 뜻대로 되지 않아 자존감이 너무 낮은 상태였어. 그런 상태에서 친구들의 격한 리액션이 나를 놀리고 왕따시킨 거라고 생각했던 것 같아."

결국 그때의 왕따 사건도 작은아이의 투사였던 겁니다.

공수래공수거입니다

"그때 내가 왜 그랬을까? 아무 소용도 없는 짓을…. 그 많은 돈을…. 그 돈으로 다른 거나 할걸. 아이들에게 좋은 소리도 못 듣고. 미쳤었나 봐."

큰아이 유치원 때 모임 엄마들이 이구동성으로 하는 말이다. 한마디로 밑지는 장사한 것이다.

좋은 학원 다니고 좋은 선생님 만나 명문 중·고등학교에 다니는 게 엘리트 대열에 끼고 신분 상승의 기반이라고 생각했다. 아이가 초등학생 때 생활비를 아끼고 아껴 학원비에 올인했고 전세자금 마련을 위해 대출받아 강남의 학교로 보내려고 했다. 강남 입성에 성공한 부모와 그러지 못한 부모가 있다. 나는 후자다. 23년이 지난 지금 우리는 이렇게 말한다.

"자식 농사는 내 마음대로 안 되네. 이제 보니 자기 살길은 다 개척하더라고. 나만 잘 살면 되는데 그걸 몰랐네."

이런 결론을 얻기까지 긴 시간이 걸렸습니다. 지금까지 살아오면서 원한다고 모든 것을 얻을 수는 없었습니다. 원하면 원할수록 원하는 것이 더 멀리 혹 날아가 버리거나 내가 원하는 것 자체를 포기해야 할 때도 많았습니다.

일방적인 소통으로 공수래공수거

내 머릿속에는 온통 코칭 생각밖에 없었습니다. 이야기의 기승전결은 언제나 코칭이었습니다. 마치 만병통치약처럼 모든 것이 코칭으로 해결되는 것처럼 생각했습니다. 상대방은 아무 생각도 없는데 그들이 하는 말이나 일이 코칭과 조금이라도 연결된다는 생각이 들면 무한한 상상력을 발휘해 소설을 씁니다. 그리고 상대방에게 일방적으로 아이디어를 던집니다.

그 소설의 주인공은 누구일까요? 바로 나입니다. 그러나 상대방은 거기에 없습니다.

상대방도 좋아할 거라는 착각으로 내 생각에 함몰되어 최대한 자기중심적인 사고로 무장합니다. 상대방의 입장을 고려하지 않은 일방적인 소통! 당연히 상대방과 멀어질 수밖에요.

왜 그런지 깨닫지 못하고 듣는 내면의 목소리.

'왜 이런 반응을 보이지?' '나를 무시하나?' '내 아이디어만 뺏기는 거 아니야?' 생각의 악순환 고리에 걸려듭니다. 함께 코칭의 대중화와 생활화를 위해 차별화된 회사를 만들어 보자고 모였지만 결국 내 욕심으로 분열되었습니다. 코칭을 할 수 있는 곳이면 어디든 달려가 기필코 기회를 만들고자 젖먹던 힘까지, 안 되는 것일지라도 되게 하려고 갖은 애를 썼습니다.

하지만 얻은 거라곤 몸과 마음의 병뿐입니다. 인위적으로 뭔가를 하면 할수록 멀어져만 갔습니다.

허무주의가 가져온 밑바닥

과거 경험에서 얻은 상처가 현재까지 영향을 미친다고요? 인생무상人生無常이라는 말이 저절로 나옵니다. 덧없는 인생이니 아무 계획도 세우지 말고 아무것도 하지 말아야 할까요? 닥치는 대로 살면 되는 걸까요?

자칫 인생무상을 허무주의와 혼동할 수 있습니다. 허무주의는 삶의 의미 자체를 부정하는 경향이 강합니다. 필자 역시 한때 허무주의에 빠진 적이 있었습니다.

원하는 대로 교수가 되었습니다. 그런데 그 기쁨도 잠시, 허무함과 대상포진으로 체력이 완전히 고갈된 적이 있었습니다. 병든

닭처럼 숨만 쉬고 먹고 자고 오직 생존만 목표였던 때가 있었습니다. '그래, 그냥 이대로 사는 거야. 뭔가를 하려고 하지 말고 지금 하는 거나 잘 챙기자'고 다짐했습니다. 그런데 사는 게 재미가 없습니다. 나는 목표를 세우고 이루고 또 세우고 이루면서 삶의 의미를 느끼는 사람입니다. 그것을 할 수 없다니 삶이 무의미합니다.

나에게는 성취라는 재능이 있습니다. 이 재능은 여러 가지 일을 동시에 하는 것을 좋아하며 목표를 세우고 이루며 삶의 의미를 느끼게 합니다.

'전에는 하루 3시간만 자고도 끄떡없었는데. 여러 가지 일을 동시에 해도 다 해낼 수 있었는데. 지금 내 꼴 좀 봐.'

과거의 나와 현재의 나를 비교합니다.

잘나가는 동료, 후배, 선배 등을 바라보며 부러움을 느낍니다. 동시에 우울의 나락으로 떨어지는 나를 발견합니다. 신체가 약해지니 멘탈까지 약해집니다. 예민해지고 화도 많아집니다. 이런 생각은 꼬리에 꼬리를 물고 나를 괴롭힙니다.

미래가 없는 듯 과거의 나로 돌아갈 수 없음을 한탄하고 이 세상이 무너지는 느낌입니다. 시간이 지날수록 생각이 많아질수록 나는 더 큰 괴로움에 휩싸입니다. 그리고 급기야 가장 추악한 내 모습을 마주했습니다.

추악한 나도
나입니다

세상은 완벽한 사람을 원하는지 모릅니다. 그래서 우리는 그 완벽한 사람이 되기 위해 사회가 요구하는 것에 순응하며 살아가려고 합니다. 그 과정에서 열등한 '나'는 소외되어 무의식에 갇혀 있습니다. 그러다가 어느 순간 그 열등한 '나'가 조금씩 목소리를 냅니다. 그때 페르소나는 그 소리를 무시하며 계속 자신의 역할에만 더 충실한 삶을 삽니다. 그 끝은 어디일까요?

추악한 나의 그림자

새벽 2시에 전화해도 나를 위해 버선발로 뛰어나오는, 오랜 세월 나의 성장곡선을 바라보며 한결같은 마음으로 응원해 주는 친구 F가 있다. 큰아이의 사춘기를 비롯해 나의 모든 내적 갈등을 공유하며 함께 상담 공부를 했던 친구다. 그렇게 우리는 둘도 없는 절친이 되어 부부 동반으로 또는 남편과 F 이렇게 셋이 자주 만났다.

속된 말로 F는 예쁜 척하는 여성성이 강한 친구다. 허물없는 사이여서 F와 나는 그런 이야기까지 솔직하게 나눈다.

"어디서 예쁜 척이야!" "나 원래 이런 여자야, 하하 호호."

그래서일까? 언제부턴가 남편과 셋이 만나면 뭔가 불편했다. 남편과 함께 하는 만남이 잦아질수록 F의 행동이 불편하게 느껴졌다. 혹시 '질투'라는 단어를 떠올리고 있는가? 우리는 불같은 사랑을 해서 결혼한 사이가 아니다. 질투보다 동지애가 느껴지는 사이였기에 F가 내 친구인지 남편의 친구인지 혼동될 정도로 친하게 지냈다. 여느 때와 다름없이 셋이 식사 후 맥주 한잔하고 집으로 돌아오는 길. 알코올 수치만큼 업된 기분으로 집으로 향했다. 그때 남편과 F가 내가 빤히 보는 바로 옆에서 손을 잡고 걷고 있는 게 아닌가.

나는 그 모습을 보고도 아무 말도 하지 않았다. 못 본 척했다. 왜 그랬을까? 타인에 대한 믿음과 신뢰를 중시하며, 있는 그대로를 받아들이기 위해 노력했던 나다. 과거와 미래가 아닌 온전히 현재에 있기 위해 노력하는 코치다. 내면과 외면이 같은 코치가 되기 위해 시어머니와의 합가까지 결정했다. 그런데 그것도 '그런 척' 했나 보다.

남편과 F에 대한 진정한 믿음이 있었다면, 지금 여기에 온전히 있었다면 '두 분 뭐하시는 거예요?' 라며 직면해 유머로 승화시켰거나 즉시 이야기했을 것이다. 그런데 나는 그렇게 하지 못했다. 나는 남편도 F도 나 자신도 믿지 못한 것이다.

나의 내면에는 내가 보고 싶지 않았던 나의 그림자, 질투와 분노의 화신이 있었다. 급기야 나는 남편과 친구에게 하지 말아야 할 행동을 했다.

나는 30년의 결혼 생활 동안 남편을 봐 왔습니다. 그동안의 삶 속에서 남편에 대한 신뢰가 있습니다. F는 내가 가장 신뢰하는 친구입니다. 20년 넘는 세월 동안 F를 봐 왔습니다. 어쩌면 나 자신보다 F를 더 믿을 정도로 신뢰하는 친구입니다. 정말 다른 생각이 있었다면 내 눈앞에서 오히려 의심스러운 행동은 보이지 않았을 겁니다.

왜 그들을 믿지 못했을까

나는 왜 그들을 믿지 못했을까요? 그 무렵 깊이 있는 내면 탐색을 위한 심화 코칭 프로그램을 코치 2명과 개발 중이었습니다.

리얼한 주제가 필요해 부끄럽지만 내 이슈를 적용해 보았습니다. 나의 쿨함을 타인에게 보여주고 싶었을까요? '내가 얼마나 쿨한지 알아? 나, 이런 사람이야. 나, 이 정도 되는 코치야'라는 것을 보여 주고 싶었을까요?

어쨌든 그 주제가 개발 중인 프로세스에 긍정적인 도움을 준 것은 사실이었습니다.

코칭은 알아차림을 불러일으켜 행동력을 강화하는 것이기에 코칭 질문 중 "알아차린 것을 적용해 무엇을 해 보시겠어요?"에 "혼자 생각의 함정에 빠지지 않도록 솔직하게 F와 대화를 나누어 보겠습니다"라고 대답했습니다.

스터디가 끝난 후 F를 만났습니다. F는 먼저 전화해 줘 고맙다고 말했습니다. 그런데 시간이 흘러 맥주 한 잔이 두 잔을 넘어 술이 술을 부르는 상태가 되자 봉인이 해제되는 느낌이었습니다. 나는 그것을 인식하지 못했습니다. F는 그날 자신도 불편했지만 남편이 무안해할까 봐 그냥 있었다고 말하더군요.

"그런데 왜 말하지 않았어?"

나는 F 탓을 했습니다. F와 대화하면 할수록 점점 화가 끓어오르는 나를 발견했습니다. 더욱이 과거에 살짝 불편하게 느껴졌던 기억들이 하나둘 소환되었고 그것은 거대한 생각 덩어리가 되어 내 가슴을 덮쳤습니다. 눈덩이처럼 불어난 생각은 분노의 화살이 되어 F에게서 남편으로, 남편에게서 다시 F에게 넘나들었습니다. 그러다가 드디어 분노가 폭발해 F 앞에서 남편에게 전화를 걸었습니다.

"도대체 당신은 무슨 생각으로 그렇게 한 거야? F도 불편했다잖아. 사과해."

육두문자가 난무하는 전화 내용을 기억하기도 싫습니다. 이성적인 사람이 할 수 있는 일이라고는 상상할 수 없을 정도로 내 안의 분노는 활화산이 되어 뜨거운 용암을 마구 분출했습니다. 그리고 나는 해서는 안 될 말을 F에게 해 버렸습니다. 남편 앞에서 예쁜 척하는 모습이 불편했다고요.

F는 예쁜 척하는 것이 아니었습니다. 그냥 그런 친구였습니다. 그것을 나는 너무 잘 알았는데 말입니다. 늘 좋은 모습만 보이려고 척했던 나는 거기 없었습니다. F는 내게 늘 이렇게 말했습니다.

"힘든 상황에서도 배움을 통해 자신을 객관적으로 보려고 노력하며 성장하는 모습이 너무 부럽고 대단해 보여."

끝까지 가 버린 추악한 나의 그림자

코치다운 모습을 보였던 나는 거기 없었습니다. 그 자리에 있는 나는 누구였을까요? 내 안의 무의식에 쑤셔 놓았던 공격적이

144

고 비열하고 옹졸하고 추잡스럽고 추악한… 수많은 '나'. 한순간에 내 마음의 무대는 그들에게 점령당해 버렸습니다. 그런 내 모습을 보며 F가 말했습니다.

"오늘은 여기까지만 하자. 이것만 알고 있어라. 다른 사람이었으면 벌써 자리를 박차고 나갔을 거야. 너여서 말도 안 되는 이 소리를 듣는 줄 알아."

문제는 그다음이었습니다. F에게 부끄러웠습니다. 부끄러움까지 그 분노에 얹어졌습니다. 집에 도착한 남편에게 미친 듯이 달려들었습니다.

"F도 불편했다잖아. 나를 무시하는 거야? 나를 무시하지 않고서야 어떻게 내 앞에서 손을 잡아? 미친 거 아냐? 내가 만만해? F가 내 친구지 당신 친구야?"

활화산은 통제 불능이었고 나는 미친개가 되었습니다. 그리고 통제 불능인 나와 이야기하는 것을 피하려고 옷을 입고 나가는 남편을, 소리 지르며 붙잡았습니다. 그리고 태어나 처음으로 다른 사람에게 손을 댔습니다. 남편의 따귀를 있는 힘껏 갈긴 것입니다.

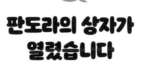

판도라의 상자가
열렸습니다

이부영의 책『자기와 자기실현』에서 '자아$^{ego, 나}$는 밝고 긍정적
이고 이상적인 것을 구현하기 위해 치열하게 노력하며 좋은 것
과 정의를 실천하고 영웅들과 동일시하려고 한다'고 설명합니다.

그 반대인 나쁜 것, 부패하고 비겁한 자들은 무의식으로 들어
가 무의식적 인격을 형성합니다. 이 무의식의 열등한 기능을 그
림자라고 하지요. 자기^{self}는 밝고 어두운 면을 그 안에 포함하고
있어 음양이 합해 도를 이루는 동양사상의 '도' 개념과 일치한다
고 합니다.

무엇이 판도라의 상자를 열었을까

융은 주장했다. 성인기를 지나 중년에 이를 때까지 페르소나를 강화해 나가지만 그 과정에서 자아는 사회 활동을 하며 잊어버렸던 내면, 즉 무의식 세계와 다시 관계를 맺게 하는 새로운 과제에 직면하게 된다고. 그것이 바로 나의 추악한 그림자와 만난 사건이다. 그 사건 이후 나는 정체성 붕괴를 경험해야만 했고 몇 년 동안 내적 갈등 속에서 극심한 고통을 느꼈다. 내가 '나'가 아닌 것 같았다. 그렇게 집안을 쑥대밭으로 만들고 새벽에 차를 몰고 나갔다. 그런데 갈 곳이 없었다.

이렇게 힘들 때 내 옆에는 늘 F가 있었다. 그런데 이제 내게는 아무도 없었다. 이 지경으로 만든 나 자신을 비난한다. 화가 난다. 슬프다. 미안하고 부끄럽다. 한강 고수부지에 차를 세웠다. 흐르는 한강을 바라보며 흐르는 눈물을 훔쳤다.

무엇이 판도라의 상자를 열었을까요? 남자이고 싶은 내 마음은 여자로서 느낄 수 있는 아무 신호도 받아들일 수 없었습니다. 오히려 그 신호가 포착되면 여자라는 사실을 완강히 거부했습니다. 대학 시절 친구처럼 지내다가 갑자기 나를 여자로 보는 느낌이 조금이라도 감지되면 즉시 절교를 선언했습니다.

F와 만났을 때 내가 느끼는 그 불편함 모두 내가 여자임을 인정해야 하는 신호였습니다. 나는 여자가 아닌 중성임을 선언하고 지금까지 살아왔습니다. 남자이고 싶어 서서 소변을 보았던 나였습니다. 친구의 권유로 대학 4학년 축제 때 처음 치마를 입었습니다. 사랑해 결혼한 게 아니라고 남편이 있는 앞에서도 거침없이 말한 나였습니다. 그런데 이런 내게 여자임을 알리는 이 강한 신호를 받아들이기 힘들었나 봅니다.

'너는 여자거든. 사랑받고 인정받고 싶어 하는 여자거든'이라고 말하는 내 안의 강력한 목소리. 여자아이로 태어나 존중받지 못해 여자임을 완강히 거부하는 내게 '나도 좀 인정해 줘 봐. 내가 어때서? 나도 너의 일부거든. 나를 왜 인정하지 않는 거야? 자신을 좀 알라고!' 이렇게 외치는 것 같았습니다. 사랑을 받고 싶은 욕구와 빼앗길까 봐 두려워하는 욕구를 가진 한 인간의 이 외침은 무의식만 알고 있었습니다.

받아들임의 단계

내면에서 너무나 큰 불일치가 있습니다. 그래서일까요? 나는 늘 불안과 긴장 상태였습니다. 페스팅거Festinger는 이것을 '인지 부조화'라고 불렀습니다. 인지 부조화는 사람이 태도와 행동 또는 2가지 인지적 요소의 불일치가 생겼을 때 갈등이나 심리적으로 불안한 상태를 경험하는 것을 말합니다. 인간은 이런 부조화 상태를 싫어합니다.

인간은 인지부조화 해소를 위해 첫 번째 심리적으로 불쾌감과 긴장감을 주는 행위를 중단하거나 두 번째 그 기저에 내재되어 있는 인지 내용을 부정하거나 부조화를 유발한 태도를 부정합니다. 그리고 새로운 인지적 요소를 추가해 자신의 행위를 정당화합니다. 아마도 나는 여자로서 사랑받지 못한다는 그 생각 자체를 부인한 것 같습니다. 여자지만 남자 같은 모습이면 사랑받을 수 있다는 생각으로 불안감을 해소하려고 했던 것 같습니다.

그래서 나는 더 씩씩한 척, 안 그런 척하며 모든 것을 내가 통제하고 조절할 수 있고, 해야 한다고 생각했나 봅니다. 그리고 그것이 남자다움이고 그 남자다움을 수행하기 위해 더 중성적인 이미지를 강조했습니다.

여성임을 받아들이는 것이 왜 그리 힘들었을까요? 그 과정에서 과거의 나를 찾을 수도, 현재의 내가 될 수도, 내가 누구인지도 알 수 없는 극심한 정체성의 혼란이 내 마음을 피폐하게 만들었습니다. 남편과 F와의 그 사건은 마치 판도라의 상자 같았습니다.

무의식은
알고 있었습니다

어떻게 수습해야 할까? 며칠이 지났다. 남편과의 사이가 껄끄
럽다. 눈도 마주치지 못했다. F에게도 어떻게 연락을 취해야
할지 몰랐다. 결국 내 무의식을 다스리지 못해 다른 사람들에
게 상처를 준 꼴이었다. 어떡해야 하나?

며칠 후 F에게 장문의 편지를 썼다. 봉인 해제되어 미쳐 날뛰
는 내 이야기를 비난하지 않고 끝까지 들어준 데 대한 고마움
과 미안함을 전했다. 그리고 그 사건을 통해 성찰한 내용도 썼
다. F는 산책 중이었나 보다. 산책로의 아름다운 풍경을 내게
보내왔다. 그리고 나를 만나는 데 시간이 좀 필요하다고 말했
다. 그리고 두 달 후 우리는 어색함을 지나 이 모든 상황을 허
심탄회하게 이야기했다. 하지만 다시 이전으로 돌아가기까지

는 꽤 오랜 시간이 걸렸다.

남편과의 관계가 가장 큰 문제였다. 어떡해야 할지 난감했다. 아무리 내가 코치여도 막상 당사자가 되면 그 해결이 어려운 것이 사실이다. 우선 미안함에 대한 편지를 썼다. 그리고 성찰도 썼다. 그러나 남편에게 이 성찰은 그리 중요하지 않았다. 물론 F도 그럴 수 있다. 다만, 자신들의 마음이 정리될 시간이 필요할 수 있다.

마트로 가는 차 안에서 남편이 먼저 말을 건넸다.
"아직도 뺨이 얼얼해. 군대가 아닌 곳에서 누구한테 맞은 건 처음이야."
부끄러움, 창피함, 미안함. 이 감정들을 어떻게 표현해야 할지…. 막막함까지 느껴졌다. 남편이 말했다.
"당신 그때 무슨 말했는지 기억해? 눈이 홱 돌아서…"로 시작된 이야기를 들으며 쥐구멍이라도 들어가고 싶었다. 그러면서 이렇게 말했다.
"그 상황에서 나도 내 밑바닥을 보았지. 태어나 처음으로 살기를 느꼈어."

151

전이

이 이야기는 '전이transference'를 떠올리게 했습니다. 정신분석의 주요 기법인 전이는 내담자(상담받는 사람)가 인생 초기 의미 있는 대상과의 관계에서 발생했거나 묻어 둔 감정, 신념 등을 자신도 모르게 치료자에게 표출하는 행동입니다.

나를 챙겨 주시는 시어머니를 보며 통제하던 친정 엄마 생각에 나를 통제할까 봐 저항적인 태도를 보이는 것, 권위적인 상사를 보며 권위적이었던 아버지가 떠올라 두려움을 느끼거나 오히려 화를 내는 행동, 군대에서 모멸감과 수치감을 느끼게 했던 상사에 대한 부정적인 감정이 나에게 더해져 살기를 느낄 정도의 강렬한 감정을 느낀 것 등이 이에 해당할 것입니다.

전이 또한 투사와 유사하게 실재 고통의 크기를 엄청나게 팽창시킵니다. 그 결과, 당면한 자신의 문제를 있는 그대로 객관적으로 바라볼 수 없게 만들지요. 직면할 용기 또한 단숨에 빼앗아 가 버려 그것을 회피하거나 부인하게 만들어 버립니다. 투사와 마찬가지로 전이도 생각의 꼬꼬물에 엄청난 먹이를 주는 셈이지요.

이 사건은 나에게 투사와 전이가 만든 고통의 허상을 알아차리고 정면으로 마주하게 했습니다. 과거에는 말다툼을 하면 늘 내가 먼저 손을 내밀었습니다. 미안한 일을 만들고도 미안해하지 않는 것 같은 남편을 원망하면서 말입니다.

추악한 나와 마주할 수밖에 없었던 이 사건을 통해 '아, 너무 미안하면 눈치를 보느라 미안하다는 말을 먼저 못할 수도 있구나'라는 것을 알았습니다. 내 안에 소극적인 나도 존재하고 있었던 겁니다. 내 안에 내가 싫어하는 남편 안에 있는 그 소극적인 나도 있었기에 남편을 보며 '남자답지 못하다' '우유부단하다'라고 속으로 비난했던 겁니다. 비난의 기저에 엄마의 조정과 통제로부터 보호해 주지 않고 늘 바빴던 친정아버지에 대한 미움도 있었음을 알았습니다. 이 미움은 '남자라면 카리스마가 있어야지!'라는 고정관념을 갖게 했습니다. 카리스마가 부족한 친정아버지가 남편에게 전이된 것입니다.

남편과 친구가 손을 잡았던 그 사건은 나의 무의식 깊은 곳에 숨어 있던 생각과 감정들을 흔들어 놓았습니다. 그리고 투사, 전이, 생각의 꼬꼬물로 이어져 활화산처럼 폭발했던 것입니다.

무의식 속 심리적 안전감 덕분에

남편이 달라졌습니다. 소극적이고 회피 성향이 강하다고 느꼈던 남편이 나와 껄끄러운 관계가 지속되는 것이 불편했는지 먼저 손을 내밀었습니다. 회피 성향이 감소한, 자발적이고 적극적인 모습을 보인 것이지요.

껄끄러운 대화를 직면해 대화의 문을 여는 남편은 자신 내면의 민낯을 보았고 그를 보호하는 강한 '나'도 알아차린 듯했습니다. 우리는 서로의 민낯을 보면서도 그것에 대해 비난하지 않았습니다. 서로 자신의 민낯에 대해 머물면서 성찰하는 시간을 가졌습니다.

이 성찰의 시간은 서로가 서로의 안전 기지임을 확인하게 했습니다. 또한, 불편함을 직면할 힘을 주었습니다.

그렇다면 불편함을 직면할 수 있게 한 것은 무엇이었을까요? 그 기저에는 어떤 생각, 감정 등이 있었던 걸까요?

남편은 30년의 결혼 생활 동안 마음에 들지는 않지만 돈키호테 같은 무모한 행보를 하는 알자의 도전을 봐 왔습니다. 알자가 추구하는 비전(코칭의 대중화와 생활화로 스스로 행복해지는 세상 만들기)을 실현하는 모습이었지요. 남편은 그런 알자를 아내로 아이들의 엄마로 한 인간으로 믿고 신뢰했습니다. 알자도 성실함과 일관성 있는 모습으로 이타적인 삶을 사는 남편에 대한 신뢰가 있었습니다.

결혼 생활 동안 이 신뢰의 통장에 신뢰가 플러스 되거나 마이너스 될 때도 있었습니다. 신뢰의 통장에 쌓아 놓은 믿음, 연민, 사랑 등이 있었기에 이런 대형사고를 막아 낼 수 있었던 것 같습니다. 이 사건으로 서로에 대한 심리적 안전감을 알아차릴 줄 꿈에도 몰랐습니다.

이 사례를 쓰기 전 많이 고민했습니다.

'이 사례를 쓰는 게 과연 옳을까? 이 민낯 공개가 두 사람에게 부정적인 영향이라도 주면 어쩌지? 민낯만 보이고 메시지를 전달하지 못하면 어쩌지?'

이런 생각으로 수개월 동안 고민했습니다. 이 사례 공유를 위해 먼저 남편과 F의 동의가 필요했습니다. 이 사례를 통해 무엇을 전달하고 싶은지 남편과 F에게 말했습니다.

남편은 그때 일을 떠올리며 "억울해. 이리와 봐"라며 나를 콩쥐어박았습니다. F도 무엇을 위해 코칭에 진심을 다하는지 알기에 흔쾌히 허락해 주었습니다. 말하지 않은 내 진심을 알아주어 감사했습니다. 그런데 이 사례를 쓰면서 잊고 있던 떠올리고 싶지 않은 무의식 속 사건 하나가 떠올랐습니다.

무의식의 연결고리

나는 그 상황을 생각하기도 싫었나 보다. 대학 졸업 후 선배 언니로부터 남자를 소개받았다. SKY 출신에 해외 유학까지 다녀온 엘리트 중 엘리트였다. 나는 카리스마 있는 사람을 만나고 싶었다. 친정아버지의 부드러움과 편안함은 좋았지만 엄마에게 휘둘리는 모습이 별로였기 때문이다.

소개받은 사람을 만나보니 카리스마가 있었다. 그런데 카리스마는 내 이상일 뿐 삶 속에서 익숙한 모습은 아빠의 부드러움, 우유부단하게 느껴지는 유연함이었다. 이상과 현실은 다르다.

그때 2년 동안 운영하던 피아노 학원 대리 원장직을 그만두고 집집마다 다니며 아르바이트를 하고 있었다. 제법 소문까지 나 대기자까지 있을 정도였다. 좋은 평판을 들었던 이유 중 하나는 학생의 어머니들과 편안한 소통이 가능했기 때문이라고 생각한다.

나는 학부모들에게 이런 질문을 하곤 했다. "결혼은 어떤 사람과 하는 것이 좋은가요?" 한결같이 입 모아 대답했다. 화장실에 앉아서 "여보, 화장지 가져다줘"라고 말할 수 있는 사람과 해야 한다고. 마음이 흔들린다. 카리스마가 아니라 편안한 사람이라고?

나는 사랑이라는 감정을 느껴보지 못했고 인생을 살아가면서 꼭 통과해야 하는 관문이 결혼이라고 생각했다. 학생의 어머니들과 삶에 대해 깊이 있는 이야기를 주고받고 나니 학부모들의 말씀이 귀에 쏙쏙 들어왔다.

결국 그에게 그만 만나자고 말했다. 그 말이 끝나기가 무섭게 나는 그에게서 따귀를 맞았다.

연결되지 않나요? 내가 당했던 일을 무의식적으로 남편에게 가한 것 아닐까요?

이 모든 일은 무엇을 의미할까요?

우리는 모두 무의식을 가지고 있고 그 무의식 안에는 거의 비슷한 '나^{ego}'들이 있는 듯합니다. 그래서 바이런 케이티는 『네 가지 질문』에서 "모든 사람은 거울에 비친 당신의 모습입니다. 당신에게 되돌아오는 당신의 생각입니다"라고 했나 봅니다.

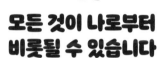

모든 것이 나로부터
비롯될 수 있습니다

이 그림이 어떻게 보이나요? 흰 부분에 집중하면 사람의 옆얼굴,
검은 부분에 집중하면 컵이 보입니다. 같은 그림을 보더라도 어
느 부분에 집중하느냐에 따라 전혀 다르게 보입니다. 또한, 어떻
게 해석하느냐에 따라 전혀 다른 그림이 됩니다. 이 그림은 사랑
하는 두 사람이 마주 보고 있는 것처럼, 혹은 정반대로 서로 힘겨

루기를 하고 있는 것처럼 보일 수도 있습니다.

그 이유는 무엇일까요?

인간은 오감을 통해 자극을 받아들이고 거기에 의미를 부여하고 그에 따라 행동한다. 조직 내 인간의 태도와 행동을 체계적으로 연구하는 학문인 조직행동론에서는 감각기관을 통해 받아들인 정보를 선택하고 해석해 의미를 부여하는 과정을 '지각Perception'이라고 한다. 인간은 정보를 받아들이고 처리하는 능력이 제한적이므로 감각기관을 통해 수용된 자극의 일부만 선택Selection해 받아들이고 그 자극은 조직화Organization와 해석Interpretation 과정을 거쳐 특정한 의미를 부여한다. 그래서 주의Attention가 매우 중요한 것이다. 어디에 주의를 기울이느냐에 따라 선택하는 것이 다르기 때문이다.

- 로빈스와 저지Robbins, Stephen P and Judge, Timothy A, 『핵심 조직행동론 Essentials of organizational behavior』 참고

우리의 주의를 끌어 선택에 영향을 미치는 요인들이 있습니다. 첫 번째, 지각 대상과 관련한 외적 요인(강한 소리, 밝은 빛, 크기, 반복되는 자극, 움직이는 동작, 사람 혹은 배경과 대조 등)입니다. 두 번째, 지각자와 관련된 내적 요인(지각자의 동기, 과거의 경험, 성격, 학습 등),

지각 상황과 관련된 상황적 요인(시간, 장소, 환경 등)입니다.

보이는 게 다가 아니다

지각 대상에 대한 외적 요인인 경우, 수많은 정보 중에서 상대방이 진정으로 말하고 싶어 하는 것을 듣기보다 상식적이지 않은 특이한 내용을 말할 때 주의가 집중됩니다. 같은 말을 반복할 때도 그렇습니다. 이것은 진정으로 봐야 할 것을 보지 못하게 합니다.

지각자와 관련해 부부 갈등으로 말다툼하면서 "나는 그런 파렴치한 놈이 아니야"라고 했을 때 미안하다는 수많은 표현보다 "뭐라고? 파렴치한? 내가 언제 파렴치한 사람이라고 했어?"라며 특정한 한 단어에 꽂혀 물고 늘어지는 상황을 예로 들 수 있습니다.

상황적 요인으로는 존중하는 사람 옆에 있는 사람은 그에 대한 정보가 없어도 믿을 만한 사람이라고 생각하는 것이 포함됩니다. 그래서 '보이는 게 다가 아니다'라는 말이 나왔는지도 모르겠습니다.

지각의 창조

이에 더해 우리는 지각할 때 조직화를 합니다. 조직화는 여러 조각의 정보를 쉽게 처리하기 위해 지각되는 정보들을 단순화하거나 형태화해 한 조각의 정보로 모으는 과정을 말합니다. 좀 더 구체적으로 말하면 전경과 배경이 서로 바뀌는 현상(루빈의 꽃병에서 검은색 부분에 집중하면 그것이 전경이 되어 사람 얼굴이 보이지 않습니다. 반대로 흰색 부분에 집중하면 그것이 전경이 되어 배경인 꽃병이 보이지 않습니다.), 가까이 있는 자극, 유사한 자극을 묶어 지각하는 것, 완결된 것으로 지각하려는 경향(점선으로 표현된 원을 실선 원으로 지각하는 것) 등을 의미합니다.

예를 들어, 자녀를 변호사나 의사와 같은 전문직에 종사시키기 위해 좋은 학원에 보내는 데에만 집중하면 아이들의 힘든 마음은 배경이 되어 잘 인식되지 못합니다. 또한, 자극이 비슷하거나 가까이 있을 때 함께 묶어 지각하기도 하는데 자녀가 자전거를 훔친 학생 옆에 있었다는 이유만으로 같은 부류로 인식되어 어려움을 겪는 경우가 해당할 것입니다.

빨간 색안경을 쓰고 보는 세상

마지막 지각 과정인 해석은 개인이 가진 인식의 틀에 의해 의미를 부여하는 것입니다. 각자의 경험, 성격, 욕구, 가치관이 달라 우리의 느낌, 감정, 편견 등이 영향을 미쳐 주관적으로 해석할 수밖에 없습니다.

큰아이가 진로 문제를 나와 의논하지 않고 항상 아빠에게 먼저 이야기하거나 아빠에게만 이야기할 때 나는 화가 났다. 변한 내 모습을 인정하지 않는 아들에게 섭섭함과 억울함이 있었나 보다.

"너는 아빠하고만 이야기하더라. 아직도 엄마가 간섭한다고 생각하니?"

그런데 아이는 의외의 대답을 했다.

"엄마, 그게 아니라 엄마와 이야기하면 내가 희망을 갖게 돼 지금의 내 의지가 흔들릴까 봐 그런 거야. 나도 엄마와 이야기 하고 싶어. 하지만 지금은 아닌 것 같아. 지금 내 상황에서는 뭔가를 새로 배우기보다 내가 할 수 있는 일을 하는 것이 맞다고 생각해. 그래서 이야기하지 않았던 거야."

꿈만 꾸기보다 지금 당장 할 수 있는 것을 하고 싶다는 이야 기였습니다. 자기 생각을 행동에 옮기며 경험을 통해 세상을 알아 가고 싶다는 말입니다. 그 말을 듣고 심장이 쿵 내려앉았습니다. 본의 아니게 희망 고문을 할 수도 있다는 사실을 깨닫는 순간

목이 메고 가슴이 아팠습니다.

내가 생각한 것과 전혀 다른 방향의 이야기를 하는 아이를 보았습니다. 이렇게 소통하지 않았다면 어떻게 되었을까요? 아이를 오해하며 곱지 않은 눈빛, 태도 등의 비언어적 태도로 아이를 대했을 겁니다. 그러면 아이는 "엄마는 아직도 나를 못마땅하게 생각하네?"라며 부정적으로 반응할 것이고 나는 부정적인 그 반응을 보며 부정적인 감정을 증폭시켜 부정적인 악순환을 초래할 수 있습니다.

지각한다는 것이 극히 주관적이라는 것이 더 분명해졌습니다. 주관적인 이 지각은 '옳고 그름, 좋고 나쁨'이라는 판단적 용어를 사용해 이분법적 사고를 하게 합니다. 그리고 이 이분법적 사고는 대상을 비우호적으로 지각해 방어적 행동을 하게 합니다.

불편한 마음이더라도 소통해야 하는 이유

큰아이가 나를 아직도 나쁜 엄마로 생각한다는 지각이 나를 방어적으로 반응하게 했고 그 부정적 반응은 다시 내 생각의 꼬꼬물을 자극할 수 있다는 겁니다. 그러므로 우리는 그것이 생각의 파생물인지 아닌지 살펴봐야 합니다. 그러므로 불편한 마음이더라도 소통해야 합니다.

갈등이 없는 조직은 죽은 조직입니다. 적당한 갈등이 있어야 문제의식이 생기는 법이니까요. 이번 에피소드는 아이가 아닌 나의 고정관념과 투사를 다시 알아차리게 해 준 또 하나의 계기가 되었습니다.

이처럼 해석 과정은 지각 세계와 실재 세계가 달라 쉽게 왜곡될 수 있습니다. 투사가 이에 해당하며 지각하는 과정에서 발생할 수 있는 이런 오류는 타인과의 관계 형성을 저해하는 결과를 초래합니다.

우리는 지각하는 대상물을 잘못 해석할 수 있습니다. '모든 것이 나로부터 비롯될 수 있습니다'라는 이 말을 이제는 이해할 수 있습니다.

제4장

참자아^{Self}를
찾다

내면의 소리에
귀 기울여요

로버트 케건Robert Kegan과 리사 라스코우 라헤이Lisa Laskow Lahey는
『변화면역』에서 우리가 변할 수 없는 진짜 이유를 설명했다.
우리는 변화를 원한다. 그러나 변화의 반대 행동을 하는 자신
을 본다. 다이어트, 금주, 금연, 건강을 위한 꾸준한 운동 등을
원하면서도 우리는 어떻게 행동하는가? 어느 순간 하지 말아
야 할 행동을 하는 자신을 발견한다.

폭식하거나 몰래 숨어 담배를 피우거나 오늘이 마지막이라고
선언하고 마음껏 술을 마시거나 침대에서 뒤척이며 머리로만
운동한다. 그리고 자신을 자책하거나 비난한다. 이런 반복은
일상이 되어 간다. 무엇 때문에 우리는 간절히 원하는 것이 분
명히 있는데도 반대 행동을 하는 걸까?

로널드 하이페츠Ronald Heifetz는 변화를 기술적Technical 도전과 수용적Adaptive 도전 2가지로 설명했다. 기술적 도전은 심폐소생술이나 맹장 제거법, 앞바퀴가 안 나온 위험한 상태에서 비행기를 착륙시키는 방법 등 기술적인 도전을 말한다. 이것을 코칭과 연결시키면 필요한 기본적인 스킬을 습득하고 역량을 강화하는 것이라고 할 수 있다. 다시 말해 코칭의 기본적인 스킬을 습득해 자격증을 취득하면 전문가로 성장할 수 있다.

변화를 위한 도전은 이 기술적인 스킬을 습득하는 것 이상의 뭔가를 요구한다. 그것이 바로 수용적 도전이다. 수용적 도전은 개인이 가진 마인드 셋의 전환을 통해 정신발달 단계를 향상시키는 것이다. 이것도 코칭과 연결하면 코치의 마인드 셋, 즉 코치다움을 체화시키는 것을 말한다.

수용적 도전

많은 사람이 수용적 도전 과제를 해결하기 위해 그에 필요한 도구를 적용해야 하지만 기술적 수단을 이용하는 데서 보편적인 실수를 저지릅니다. 코칭 측면에서 보면 진정한 변화를 위해서는 '해결하고 싶은 이슈' 자체에 집중해 해결하는 방법뿐만 아니라 '해결하고 싶은 이슈가 있는 사람'에게도 초점을 맞추어야 한다는 뜻입니다.

예를 들어, 큰아이는 점점 체중이 불어나고 있지만 체중보다 덜 나가 보인다는 외부 피드백을 받으며 체중에 별로 신경 쓰지 않습니다. 그러나 자신이 허용한 체중 한계치를 넘어가자 운동과 식사 조절로 7킬로그램 이상 감량했고 그대로 유지하고 있습니다.

이 이슈는 기술적 도전 과제라고 할 수 있습니다. 하지만 체중 감량에 반복적으로 계속 실패하고 있다면 큰아이의 무의식 속에 내재된 뭔가가 방해하는 것이므로 그 요인을 탐구해야 합니다. 이것을 수용적 도전 과제라고 합니다. 이런 수용적 도전은 이성과 감성을 연결하게 합니다.

그런데 우리는 수용적 도전 과제를 수용적 도전을 해결하는 방법이 아닌 기술적 방법을 선택하는 경우가 많습니다. 그래서 원하는 목표를 번번이 놓치는 것입니다.

감정의 기저에는

로버트 케건과 리사 라스코우 라헤이는 원하는 목표가 분명하지만 우리가 그것과 반대 행동을 반복적으로 한다면, 그 행동 기저에 숨은 감정적 측면의 존재를 인식해야 한다고 주장합니다. 또한, 그 감정의 기저에 숨은 서약, 즉 자신의 신념, 확신 등을 탐구해야 한다고 말합니다.

예를 들어, 부모가 자기중심적인 사고에서 벗어나 상대방 중심, 즉 아이들 입장에서 경청하고 싶다는 목표를 설정했습니다. 그럼에도 불구하고 그 부모는 아이들 생각이 자신과 다를 때 강압적이고 퉁명스러운 목소리로 반응하지요. 그 이유가 분명히 있다는 겁니다. 왜 그럴까요?

아이들 입장에서 경청할 때 염려되거나 걱정되는 부분이 있을 수 있기 때문입니다. 그 걱정은 부모의 권위가 떨어져 아이들에게 휘둘릴까 봐 두려운 것이지요. 그리고 이 두려움의 기저에는 '부모가 견고한 울타리가 되려면 권위가 있어야 한다'는 자신과의 약속, 믿음이 있기에 잘 경청하고 싶다는 생각에 반하는 행동을 하게 된다는 겁니다. 부모가 생각하는 울타리의 의미와 아이들이 생각하는 울타리의 의미가 다른 것이지요.

결론적으로 자신의 서약과 원하는 변화 목표가 무의식적 경쟁관계가 되어 변화를 방해하므로 이것을 '변화면역'이라고 부릅니다.

경청으로 가족 이해하기

이 변화면역은 합리적 정서 행동 치료Rational Emotive Behavior Therapy, 이하 REBT에서 말하는 ABCDE 모델과 비슷하다. REBT는 인간이 외부적 요인보다 자신에 의해 방해를 받으며 인간의 불완전성에도 불구하고 '존재' 자체로서의 가치, 무조건적 자기수용Unconditional Self-Acceptance의 유용성을 강조한다엘리스와 맥클라렌Ellis, A and MacLaren, C. 「합리적 정서행동치료」에서. ABCDE 모델에서 A Activating Event는 심리적으로 괴로움을 안겨 주는 상황, 행동으로 '작은아이가 온종일 게임만 한다' '동료가 나를 비난한다' 등의 사건이며 B Belief System는 한 개인의 사건이나 상황에 대한 신념체계 또는 사고방식으로 비합리적 생각과 합리적 생각으로 구분할 수 있다. 비합리적 신념은 개인의 주관적 판단에 기인해 왜곡되어 있고 지나치게 부정적인 생각을 뜻하며 합리적 신념은 어떤 목표를 이루는 데 도움이 되는 객관적이고 타당한 생각을 뜻한다. C Consequence는 결과로 A에 의한 정서 및 행동 결과가 아닌 B의 신념에 의해 그 감정과 행동이 유발된다. D Dispute는 논박으로 자신의 신념이나 사고가 합리적인지 점검하고 변화할 수 있게 한다. E Effect는 효과로 신념 변화에 의해 정서와 행동적 변화가 일어나는 것을 의미한다.

예를 들어, A는 작은아이가 온종일 게임하는 것을 본 상황을 의미하며 C의 정서는 '화가 나고 불안하다'이고 '소리 지르며 컴퓨터를 내다 버리겠다고 협박한다'는 C에 대한 행동입니다. 이것은 B의 비합리적 생각인 '게임을 하면 대학에 못 간다'에서 기인한 것입니다.

이 비합리적 생각은 변화면역의 나만의 서약과 유사합니다.

이 서약은 부모가 아이와 진로에 대해 진솔하고 열린 대화를 하고 싶다는 바람과 완전히 반대되는 불통 대화를 하게 합니다. '열린 대화를 하면 나를 만만하게 봐서 아이를 통제할 수 없게 되지 않을까' 무의식에서 걱정을 하기 때문에 대화가 원활하지 않은 것입니다. 이 불통 대화는 '나는 대학에 가고 싶지 않아! 나는 ○○○을 하고 싶어!'라는 아이 내면의 소리를 들을 수 없게 합니다.

내면 가족 이해하기도 이와 비슷한 맥락입니다.

내면 가족인 자아들이 어떤 생각과 감정을 가졌는지 적극적으로 경청하기 위해서는 격한 반응을 일으키는 자아의 목소리도 들어야 하지만 그 기에 눌려 제대로 목소리를 못 내는 매우 작은 목소리도 존중하며 들어야 합니다.

내면의 소리에 귀 기울여 들을 수 있는 경청의 자세를 가지면 타인이 말하지 않더라도 들을 수 있는 것이 더 많아질 것입니다.

참자아를 찾습니다

고통의 늪에 빠져 방향을 잃고 허우적대는 내게 거기서 빠져나갈 수 있다고, 내 잘못이 아니라고 말하는 이론이 있습니다. 리처드 슈워츠^{Richard Schwartz}가 개발한 '내면 가족 시스템^{IFS}'입니다.

IFS는 마음이 부분^{parts}이라는 여러 마음으로 구성되어 있고 이 부분들을 자신들만의 감정, 신념, 동기, 기억을 가진 독립된 실체로 보았다. 이 부분은 정신역동학파에서는 자아 상태^{ego state}, 인지행동학파에서는 스키마^{schema}라고 부르는 등 다양한 이름으로 불린다. 김정호 교수는 마음을 '나^{ego}'들이 모여 사는 사회로 보았고 그 사회를 마음사회 이론^{Mind Society Theory}으로 설명했다. 지금부터는 이 '부분'이라는 용어 대신 문맥의 흐름에 따라

'나', '자아ego'라고 부르겠다.

IFS와 마음사회 이론 덕분에 우리 내면에 너무나 많은 자아
가 존재하고 있음이 분명해졌다. 자아들이 가족을 이루어 공
동체로 살고 있는 내면 가족에는 '참자아Self'라는 존재의 중심
자리가 있다. 그 특성은 침착함Calmness, 긍휼함Compassion, 호기심
Curiosity, 명료함Clarity, 자신감Confidence, 창의력Creativity, 용기Courage, 관
계성Connectedness 8가지로 참자아는 융이 말하는 자기Self와 비슷
한 개념이다. 자기는 누구에게나 존재한다. 참자아는 우리가 자
기 혐오와 자기 비난으로부터 벗어나 내면과 외면의 삶에서 조
화와 균형을 이루게 한다. 여기서도 참자아라는 표현을 사용하
겠다.

틱낫한은 마음을 잘 인식할 수 있도록 내면을 원으로 표현했
다. 원을 반으로 나누어 위쪽을 의식의 거실, 아래쪽을 인간이
잠재적으로 가질 수 있는 마음 상태의 씨앗들이 저장된 의식
의 저장소로 표현했다. 아마도 그곳은 그림자를 포함한 외부
자극에 의해 잠재적으로 나타날 수 있는 자아들이 있는 무의
식의 세계일 것이다. 여기서도 틱낫한의 표현을 참고해 활용하
려고 한다.

   -톰 홈즈와 로리 홈즈Tom Holmes and Lauri Holmes, 『소인격체 클리닉』참고

어떤 나Self가 참자아일까

유행가 가사에 이런 구절이 있다.

내 속엔 내가 너무도 많아서 당신이 쉴 곳 없네.
내 속엔 헛된 바람들로 당신이 편할 곳 없네.

내면 가족을 잘 표현한 구절입니다. 내 안에 '나'가 많다는 것을 인정하나요?

내 안에는 돋보이고 싶은 나, 성공하고 싶은 나, 루틴을 싫어하는 나, 억울한 나, 슬픈 나, 몰빵하는 나, 좌절하는 나, 두려운 나, 측은한 나, 새로운 세상을 만드는 데 기여하고 싶어 하는 나, 미워하는 나, 타인을 이해하는 나, 우아하고 싶은 나, 무식한 나, 게으른 나, 부도덕한 나, 경쟁에서 반드시 이겨야 하는 나, 이타적인 나 등 여러 '나'가 있습니다. 이 중에서 참자아는 어떤 '나'일까요?

내 안의 수많은 나 중에 말을 했으면 반드시 지키는 나, 건강보다 일이 중요한 나, 목표는 반드시 해내는 나, 이런 나가 진정한 '나'의 모습이라고 생각했습니다. 스스로 보고 싶지 않아 억누른 나, 불안한 나, 질서를 지키지 않는 나, 분노하고 화내는 나는 내 모습이 아니라고 부인했습니다. 선택적으로 사랑하는 나는 나 자신을 진정으로 사랑한다고 말할 수 있을까요?

자아들은 한 가지 역할을 가지고 있습니다. 수많은 자아는 살아가면서 부딪히는 어려움을 극복하게 해 줍니다. 그러나 때로는 그들의 역할이 원하는 것과 다른 방향으로 가게 합니다.

IFS에서는 참자아를 컴퓨터 메인 메뉴에 비유합니다. 메인 메뉴에서는 지금 실행해야 할 필요한 프로그램으로 옮겨 갈 수 있지요. 그 프로그램을 자아라고 생각해 보세요. 그 프로그램 안에서 작업을 하다가 랙에 걸렸습니다.

이 상황을 내면으로 가져오면 화난 자아가 마음의 무대를 장악합니다. 이때부터 화난 자아의 지배를 받는 것이지요. 컴퓨터에 랙이 걸렸을 때는 메인 화면으로 돌아오거나 재부팅을 합니다. 그렇다면 화난 자아의 지배에서 벗어나려면 어떡해야 할까요?

가장 강력한 나가 진정한 나라는 착각

보통 외부 자극에 의해 생각의 꼬꼬물이 시작되기 전 우리의 마음은 평화롭습니다. 이때는 마음의 무대에 참자아도 존재하고 있을 것입니다. 그러나 자극이 오면 무의식에서 어떤 나가 올라와 마음의 무대를 장악해 참자아를 덮쳐 버립니다. 그리고 참자아의 기능을 상실하게 합니다.

참자아의 기능이 상실된 상태의 마음은 생각의 *꼬꼬물*로 여러 자아를 반복적으로 오르내리게 합니다. 그리고 그 자아의 생각과 느낌대로 반응하고 행동하게 합니다. 그 결과, 우리는 혼란을 겪거나 가장 강력한 자아가 진정한 나^{self}라고 착각합니다. 이것이 바로 자아와 나를 동일시하는 것입니다.

① 편안한 참자아 상태　　② 우울한 자아와 나를 동일시 – 우울한 나

③ 혼란스러운 마음 상태

예를 들어, 우울한 자아가 마음의 무대에 올라온 사람이 "나는 우울해"라고 말합니다. 참자아가 우울한 것이 아니라 우울한 자아^{ego}가 마음의 무대를 장악해 우울하다고 느끼는 것입니다. 그러면 "나는 우울해"가 아니라 "나는 우울하다고 느끼고 있어"라고 말해야 합니다. 그런데 우울한 사람이 '참자아' 자신이라고 생각합니다. 우울과 참자아를 동일시한 것입니다. 우울은 단지 여러 내 모습 중 하나인데 그 우울을 참자아라고 착각하는 것이지요.

참자아를 알아차리면

참자아는 우울한 자아, 분노하는 자아, 억울한 자아, 불안한 자아들이 마음의 무대를 장악하고 있을 때 그 자아들이 진정한 나가 아니라는 것을 알아차리게 합니다. 내가 생각하는 진정한 나는 다양한 자아들을 안아 주는^{holding} 참자아의 모습입니다. 걸음마를 시작한 호기심 많은 아이가 말도 안 되는 말을 하며 떼를 쓰고 울어도 경청하고 위험물을 치우고 버텨 주는 어머니의 모습처럼요. 그 모습은 아이에게 안전감, 믿음과 신뢰를 줍니다. 그것은 아이를 세상 밖으로 나아가게 합니다.

알아차림은 특별한 사람에게만 있는 것이 아닙니다. 누구에게나 있습니다. 다만, 우리가 그것을 불러일으키기만 하면 되는 것입니다. 이 알아차림은 자아들이 어디 있는지 알려 줍니다. 그리고 그들의 생각이 만든 허상임을 알려 줍니다. 그리고 그 허상이 무엇 때문에 만들어졌는지 관심을 가지고 경청합니다. 공감하고 이해하고 긍정적인 의도로 읽어 줍니다. 그러면 그 자아들은 안전감과 편안함을 느끼며 참자아를 리더로 신뢰합니다. 이제 자아는 과거의 모습으로 마음의 무대를 장악하지 않습니다. 남을 탓하지 않습니다. 투사하지 않습니다.

참자아의 선물

나는 반평생을 살아오며 외로움과 불안감에 시달렸습니다. 참자아의 존재를 조금씩 알게 되면서 내 안의 자아들이 제멋대로 춤추는 대로 나를 내맡기지 않습니다. 중심을 잡을 수 있습니다. 온전히 지금 여기에 설 수 있습니다. 그래서 이제는 혼자 있어도 외롭지 않습니다. 내가 좋아하지 않는 행동을 하는 사람을 보더라도 이제는 격렬한 반응을 보이지 않습니다. 다만, '아, 지금 이런 자아가 올라왔구나!'라고 알아차리고 질문합니다.

"이 자아는 무엇을 원하는 걸까?"

참자아의 리더십은 내면 가족을 조화롭게 해 나에게 평정심과 충만감을 선물합니다.

마음의 무대에 오른 자아들

평가가 항상 좋았던 강의가 있다. 그 강의를 준비할 때는 자신
감이 넘쳤다. 기존에 했던 강의 안에 고객의 니즈를 항상 반영
해 일정한 수준의 변화를 주었다. 그렇게 해도 항상 만족스러
운 강의 평가를 받았다. 하지만 그 강의에 전혀 다르게 반응하
는 수강생들을 만난다면 어떨까? 당황스러울 것이다.

과거 부정적인 반응을 보이는 수강생들을 보며 잔잔했던 마음
이 일렁인 때가 있었다. 그것을 느끼며 이런 내면의 소리를 들
었다.

'수강생들이 마음의 문을 열지 않아. 너무 닫혀 있어.'

이 내면의 목소리는 수강생들과 연결되지 않았다고 느꼈을
때, 코칭이 잘 안 풀렸을 때, 나와 결이 혹은 의견이 다른 사람

들을 만났을 때 들렸다. 누구의 목소리인가? 그 목소리의 주인
은 누구인가? 바로 '나만 옳아 자아'다.

나만 옳아 자아는 수강생들이 이렇게 생각할 거라고 여겼다.

'저 강사는 우리 상황을 잘 모르네.'

이를 수용할 수 없다. 최선을 다해 강의를 준비했기 때문이다.

수강생들의 니즈를 파악했는지 여부를 논하는 것은 지금 중요
하지 않다. 나만 옳아 자아는 억울하다. 이 억울함은 '나를 무
시하는 거 아냐?'라는 생각을 낳았다. 이 생각은 꼬리에 꼬리
를 물고 결국 '나는 이것밖에 안 되는 사람이네'라는 생각의 꼬
꼬물로 만리장성을 쌓는다.

거기에 참자아는 보이지 않는다.

마음의 무대를 장악한 나만 옳아 자아

'험한 세상을 잘 살아가려면 의사, 변호사와 같은 전문직에 종사해야 한다. 그러려면 어릴 때부터 공부를 잘해야 해. 그래야 무시당하지 않고 한평생 잘 살 수 있어.'

이것이 '나만 옳아 자아'의 생각입니다. 음대를 나와야 결혼을 잘할 수 있다고 친정엄마가 생각한 것처럼 말입니다. 그 나만 옳아 자아는 나에게 어떤 행동을 하게 할까요?

생후 10개월 때부터 아이의 의지와 상관없이 고강도 조기교육을 시켰고 말도 안 되는 잣대를 가져다 대며 실수를 절대로 용납하지 않았습니다. 남편의 유연함과 섬세함을 남자답지 못하다고 생각했습니다. 관리자로서의 역량을 지닌 남편을 인정하기보다 전문 기술을 갖지 않은 것을 아쉬워했습니다. 늦은 나이지만 전문 기술 하나 정도는 배워야 하지 않겠느냐는 조언을 했을 정도니까요. 수많은 자아 중에 왜 하필 나만 옳아 자아가 마음의 무대를 장악한 걸까요?

여아로서 인정받지 못하는 경험을 다시 하지 않기 위해, 나를 보호하기 위해 내가 옳아야만 했습니다. 인정받기를 원하면서 인정받지 못할까 봐 두려워하는 자아를 보호하기 위해 보호하는 자아를 마음의 무대에 올렸습니다.

아이러니하게도 나만 옳아 자아는 인정받고 싶어 하는 내 소

망과 달리 옳음을 주장함으로써 꼰대가 되어 인정받지 못하는
정반대 결과를 낳았습니다.

가장 강력한 자아가 드러납니다

가장 강력한 자아 출현

존재로 인정받지 못한 자아가 내게 있었습니다. 〈추악한 나도 나입니다〉로 돌아가 봅니다. F와 남편이 손잡은 모습을 본 내 마음의 무대에는 회피하는 자아, 잘난 척하는 자아, 의아스러운 자아, 당황스러운 자아, 의심하는 자아 등이 올라왔습니다. 마음의 무대는 그리 넓지 않아 그중 가장 강력한 자아가 무대를 장악할 것입니다.

'회피하는 자아'와 '잘난 척하는 자아' 이 두 자아가 마음의 무대에 존재했습니다. 그때 회피하는 자아가 있다는 것은 알았지만 잘난 척하는 자아는 발견하지 못했습니다. 솔직하고 쿨한 코치인 척하며 심각한 이 리얼 이슈를 프로그램 개발을 위해 내놓

은 것을 보면 잘난 척하는 자아가 있었던 것 같습니다.

코치가 내게 던진 여러 질문 덕분에 회피하는 자아와 잘난 척하는 자아 사이에 '참자아'의 공간이 생겼습니다.

그 덕분에 이 상황을 회피하지 않고 직면하겠다는 결정을 내릴 수 있었습니다.

만약 직면하지 않고 계속 회피하는 자아를 마음의 무대에 내버려 두었다면 어떤 일이 일어났을까요? 그 회피하는 자아는 생각의 꼬꼬물을 시작했을 것입니다. 그리고 그와 관련된 모든 기

억을 소환해 남편의 작은 실수에도 냉혹하게 반응하며 몇 배에 달하는 분노를 두고두고 표출했겠지요. 그러다가 어느 시점에 이르러 지금보다 더 격하게 쏟아 냈을 것입니다.

인간의 무의식에는 잠재되어 있는 수많은 자아가 있습니다. 그 '나'들은 삶 속에서 반복적으로 의식에 있는 마음의 무대에 올라옵니다. 마음의 무대는 그리 넓지 않기에 마음의 무대를 차지하는 자아의 생각과 감정의 지배를 받습니다.

예를 들어, R은 당장 시작해야 할 프로젝트가 있습니다. 그러나 착수하지 못하고 갑자기 일과 관계 없는 집 안 청소를 한다거나 음식을 만든다거나 분주하게 뭔가를 합니다. R은 프로젝트가 미뤄지는 것을 보며 그것을 회피하고 있음을 압니다.

이때 마음의 무대에 바쁜 자아, 회피하는 자아, 비난하는 자아 등이 등장했습니다. 바쁜 자아가 프로젝트와 전혀 관계 없는 청소, 요리 등을 할 때 비난하는 자아는 이렇게 소리칩니다.

'그러면 안 돼! 빨리 일을 시작하라고! 지금 뭐 하는 거야?'

이 비난하는 자아의 목소리가 커지며 마음의 무대를 장악하면 나는 점점 위축되고 작아져 스스로 패배자가 된 느낌입니다. 마감 몇 시간 전에 부랴부랴 프로젝트를 어찌어찌해 제출합니다. 그러나 그 결과는 언제나 만족스럽지 않습니다. 다시 나 자신을 비난합니다. 그리고 그것은 점점 나의 습관이 되어 버립니다.

R은 왜 그러는 걸까요? R은 어린 시절 새로운 시도를 했을 때 웃음거리가 되었던 힘든 경험을 했을 수 있습니다. 바쁜 자아는 어린 시절의 웃음거리가 되어 비참했던 경험을 두 번 다시 겪게 할 수 없기에 바쁘게 움직이게 합니다. 비참한 자아를 보호했던 것이지요.

마음의 무대에는 또 하나의 자아인 프로젝트를 빨리 시작하라고 아우성치는 비난하는 자아가 있었습니다. 비난하는 자아의 채근하는 목소리는 비참한 자아를 더 힘들게 합니다. 그러나 그 비난하는 자아도 비참한 자아가 다시 그런 일을 당하지 않게 하려는 의도도 가지고 있습니다. 이때 바쁜 자아는 비참한 자아가 비난하는 자아에게 지배당하지 않기 위해 더 바쁘게 무엇인가를 하게 했던 것입니다. 각각의 자아는 자신의 역할을 충실히 하고 있습니다. 서로 목적은 같지만 다르게 행동하는 것이지요.

회사에서도 목적을 공유하며 진정한 소통을 하지 않으면 성

과를 내기 어렵습니다. R은 프로젝트를 수행하기 위해 자아들이
서로 조화롭게 협력할 수 있도록 해야 합니다. 즉, 참자아가 마음
의 무대에 모습을 드러내야 한다는 말이지요. 참자아가 마음의
무대에 존재하기 위해 필요한 것은 무엇일까요?

자아를 포용합니다

포용의 의미가 무엇이라고 생각하나요? 크리스틴 손턴은 『그룹 코칭과 팀코칭』에서 모든 코칭의 핵심 기술은 포용이라고 주장 했습니다. 포용은 위니캇의 안아주기Holding를 의미합니다.

안아주기

도널드 위니캇Donald W. Winnicott은 건강한 심리적 성장에 초점 을 더 맞추었던 소아과 의사이자 정신분석학자이며 대상 관계 이론가입니다.

그는 정서적 성숙 과정을 개인이 의존에서 독립으로 나아가 는 인간관계적 성장으로 보았고 충분히 좋은 환경에 의해 그 욕 구가 충족되어야 한다고 주장했습니다. 특히 그는 인간에게 촉진적인 환경이 주어지면 신체적 성숙뿐만 아니라 정서적 성숙을 향해, 사회에 긍정적으로 공헌하는 방향으로 성장하려는 움직임을 가질 수 있다고 말합니다.

촉진적 환경에서는 성숙 과정이 일어납니다. '충분히 좋은 어머니Good Enough Mother'는 어떤 상황이 발생해도 아이에게 공감해 주고 불안을 충분히 안아 주고 아이의 욕구를 보호하는 안아주기를 합니다. 안아주기는 어머니의 촉감에 대한 감각(목소리, 얼굴 표정, 체온 등) 제공은 물론 유아의 생각과 욕구를 이해하고 정서적으로 편안하고 일관성 있는 행동을 말합니다. 이런 안아주기의 기능은 자아를 지원하는 것으로 인격적 돌봄을 제공한다고 할 수 있습니다.

이런 인격적 돌봄은 자아 발달과 통합을 가능하게 해 자신과 타인에게 심리적 안전감을 줍니다. 그래서 모성 돌봄이 필요할 때뿐만 아니라 청소년기와 성인기에도 혼란스럽거나 위협적인 긴박한 순간 언제 어느 때나 필요합니다.

위니캇은 이런 촉진적 환경인 '안아주기' 속에서 아이가 공격성을 표현할 수 있다면 이 타고난 공격성은 창조적 에너지로 점점 변화할 수 있다고 했습니다. 또한, 이것은 긍정적, 부정적 감정 모두 체험해 어떤 감정도 수용하고 표현하는 것을 두려워하지 않게 된다고도 말했습니다. 이것이 바로 심리적 안전감을 가지는 근원입니다.

크리스틴 손턴^{Christine Thornton}의 저서 『그룹코칭과 팀코칭』에서 그룹 내 포용이 일어날 때 그룹 구성원들은 서로 적절히 자극하기 시작해 상호교류가 일어난다고 주장했습니다. 이 안아주기는 개인뿐만 아니라 그룹과 팀에서도 중요한 역할을 합니다.

안아주기를 내면으로 가져오면

안아주기를 내면으로 가져오면 어떤 일이 일어날까요? 안아주기로 참자아^{Self}가 자아^{ego}들의 어떤 이야기도 들어 줄 수 있다면 어떻게 될까요? 심리적 안전을 느끼게 해 함께 있어도 외롭거나 불안하지 않게 할 수 있을 겁니다.

'나^{Self}'는 고구마 줄기처럼 자신만의 길고 짧은 이야기를 지닌 자아^{ego}를 아우르고 있습니다.

바이런 케이티가 말했듯이 모든 사람은 거울에 비친 우리 모습이기에 내 안의 에고들을 안아주고 수용하고 포용할 수 있을 때 비로소 나 자신은 물론 타인도 진정으로 수용하고 포용할 수 있습니다. 이것이 우리가 원하는 다양성 존중의 발로이기도 합니다.

현존Presence의 방해

현존이라는 단어는 왠지 신비롭다. 근접할 수 없는 뭔가가 있는 것처럼 느껴진다. 하지만 현존은 생각보다 심플하다. 집착의 느낌을 알아차리고 에고와 자신을 동일화하지 않은 상태, 즉 순수한 '있음Being'이 현존이다.

- 톨레, 『삶으로 다시 떠오르기』 참고

여성 암 환자를 만났던 톨레의 사례는 현존을 더 쉽게 이해하게 해 준다.

시한부 판정을 받은 암 환자는 자신의 다이아몬드 반지(할머니가 물려주신, 추억이 담긴)가 사라져 낙담하고 꽤 화가 나 있었다. 그녀는 매일 오는 간병인을 범인으로 추측했다. 톨레는 그 반지가 현재 시점에서 얼마나 중요한지 생각해 보라고 조언했다. 환자는 곧바로 분노했고 자기방어적인 태도를 보였다. 그런 태도를 보인 그녀에게 톨레가 한 질문은 다음과 같다.

"당신은 조만간 그 반지를 내려놓을 수밖에 없다는 것을 깨달았습니다. 그것을 내려놓을 준비가 될 때까지 시간이 얼마나 더 필요한가요? 그것을 내려놓으면 당신이 더 작아지나요? 그 손실 때문에 당신의 존재가 줄어드나요?"

암 환자 그녀는 마지막 질문을 받고 나서 순수한 '있음'을 느꼈다고 말했다. 또한, 지금까지도 알 수 없었던 예수님의 말씀인 '누군가가 네 겉옷을 달라고 하면 속옷까지 주어라'의 의미를 이해했다고. 이후 그녀는 자신이 가진 모든 물건을 다른 사람들에게 나눠 주었다. 물론 거기에는 그녀가 의심했던 그 간병인도 있었다. 그녀가 세상을 떠난 후 화장실 약장에 반지가 있었다.

이 이야기가 어떻게 들리나요? '현존', 순수한 '있음'을 마음으로 느낄 수 있나요?

사람들은 같은 물건도 타인이 소유했을 때보다 자신이 가졌을 때 그 가치를 더 높이 평가합니다. 이것을 '소유효과Endowment Effect'라고 합니다. 카너먼과 탈러Kahneman and Thaler, 「Economic analysis and the psychology of utility: Applications to compensation policy」 참고

인간은 소유를 통해 그 물건의 통제권을 인식합니다. 그런 인식은 그 자체만으로 그 대상과 깊은 애착을 느끼게 합니다. 이런 애착은 통제권 포기를 손실로 느끼게 하고 이를 피하기 위해 현재 상태를 유지하려고 해 소유효과가 발생합니다.

생각해 보면 이별을 힘들어하는 것, 낡은 티셔츠, 추억이 깃든 앨범, 오래된 장난감 등을 버리기 망설이는 것은 애착 때문에

나타나는 자연스러운 현상일 겁니다. 하지만 이 애착이 지나치면 어떻게 될까요? 집착이 됩니다.

대부분 뭔가를 잃었거나 잃을까 봐 걱정과 두려움을 느끼기 전까지는 그런 집착이 있다는 것을 감지하지 못합니다. G는 사랑하는 사람에게서 받은 반지를 손을 씻다가 실수로 하수구에 빠뜨렸습니다. '그 소중한 것을 잃어버렸어. 그가 나를 떠날 거야, 비슷한 거라도 찾아야 해'라는 생각으로 G는 반지에 집착했습니다.

G에게 지금 정말 중요한 것은 무엇일까요? 남자 친구와 진정한 사랑을 유지하는 것이지요. 반지를 잃어버린 과거에 집착하고 일어나지 않을 미래를 상상하는 것은 현재의 삶을 방해할 수 있습니다.

과거의 집착이 미래에 미치는 영향

수년 전 고객이던 Y로부터 얼마 전 연락이 왔습니다. 아내와 아이 문제로 시작된 다툼이 점점 커져 며칠 동안이나 서로 대화하지도 않고 꽤 오랫동안 문자로만 대화하는 상황이라고 했습니다. Y는 무척 화가 나 있었습니다. 아내가 자신을 지속적으로 무시하고 호구로 본다는 단어를 반복적으로 사용했습니다.

Y는 아내가 과거에도 이랬기에 지금 이런 행동을 하고 앞으

로도 이런 행동을 할 것 같다고 말했습니다. 그러니 미리 싹을 자르고 다시는 자신을 무시하지 못하게 대응해야 한다는 겁니다. 과거에 대한 집착이 미래에 영향을 미치고 있었습니다. 현재는 없었습니다.

"지금 Y 님이 하는 이야기는 과거와 미래의 이야기네요. 아내의 톡에 잠시 반응하지 않고 멈추면 어떤 일이 일어날까요?"

"아내는 나를 호구로 볼 겁니다…."

"(적극적인 경청과 공감을 해 주며) Y 님이 지금 하시는 말씀은 생각인가요, 사실인가요?"

"(멈칫하며) 음… 생각입니다."

"Y 님의 아내가 호구로 본다는 그런 생각이 없다면 그 톡 내용이 어떻게 느껴지나요?"

이후 그 생각이 Y에게 유발하는 감정과 반응에 대한 질문과 답변이 이루어졌습니다. Y의 관점을 전환하기 위해 질문했습니다.

"아내의 톡 내용이 Y 님을 호구로 만드는 데 어떤 영향을 미치나요?"

"음⋯."

"(잠시 침묵했다가) 그러네요. 감정을 소모할 필요가 없네요. 잠시 여기서 멈춰야겠습니다."

에고로부터 자유로워지기

Y는 마음의 평온을 되찾아 침착하게 아내에게 열린 질문, 긍정 질문으로 톡을 보냈습니다. 그 후 Y는 아내가 화를 내는 수많은 이유 중 한 가지 단서를 찾아냈습니다. 상대방의 답변에 반사적으로 반응하는 언어 습관이었다는 것입니다.

Y는 어떤 집착이 있었을까요?
그 집착은 어디서 오는 걸까요?
집착에서 벗어나는 길은 무엇일까요?

'나는 그런 대우를 받으면 안 되는 사람이야'라는 자아가 마음의 무대를 장악했다고 생각해 보세요. 이런 생각을 가진 자아 입장에서는 타인이 나를 비난했을 때 그 생각을 유지하기 위해 더 강한 비판과 비난이 필요할 겁니다. 강한 비판과 비난은 그 생각을 견고화하기 위해 더 강력히 집착하지요. 하지만 안타깝게도 그런 상황에서는 집착하고 있다는 사실조차 인식하지 못할 때가 많습니다.

Y는 질문을 통해 현재 자신의 생각과 감정에 사로잡혀 있다는 것, 즉 에고가 마음의 무대에 올라온 것을 알아차림으로써 에고로부터 자유로워지기로 선택했습니다. 의식 변화는 바로 이 알아차림에서 시작됩니다.

에고와 알아차림은 동시에 공존할 수 없습니다. 에고가 있다는 것을 알아차리는 순간 더는 마음의 무대를 장악할 수 없고 기능할 수 없습니다.

톨레는 알아차림을 '이 순간에 존재함', 즉 '현존'이라고 불렀고 집착이 있다는 그 알아차림을 바로 '나Self' 자신이라고 말했습니다.

나^{self}와 자아^{ego}를 구분합니다

초·중·고 성적 하위 1퍼센트에서 스탠포드대 부학장이 된 폴 킴의 이야기를 모 TV 방송 프로그램에서 접했습니다. 폴 킴은 대학생 때 영어를 못했다고 합니다.

영어를 잘하지 못했던 폴 킴은 상대적으로 영어를 덜 사용하는 음악 수업을 들었다. 그런데 그 평가 방식은 음악을 듣고 감상문을 영어로 쓰는 것이었다. 영어를 못했던 폴 킴은 딱 한 줄 'This music is good'이라고 적은 감상문을 제출했다.
교수는 폴 킴을 불러 그가 할 수 있는 것이 무엇인지 질문했다. 폴 킴은 한국어로 감상문을 쓸 수 있다고 말했고 화려한 수식어가 포함된 감상문을 다시 제출했다. 교수는 폴 킴에게 사전을 가져오게 해 한 단어 한 단어 설명하라고 했다. 교수는 폴 킴에게 "이 수업은 영어 수업이 아닌 음악 수업이므로 네 감수성을 보는 것이다"라고 말하고 A⁺을 주었다. 그날 이후 폴 킴은 A⁺를 또 받고 싶은 마음이 솟구쳤다고 한다.

음악 교수는 일반적인 잣대로 폴 킴을 평가하지 않았다. 그가 단지 현재 영어를 잘하지 못할 뿐 그 외의 가능성을 열어 두고 그를 믿어 준 것이다. 그럼 이때 교수는 어떤 마음으로 폴 킴을 대했을까? 내가 그 교수였다면 이런 상황에서 어떤 반응과 행동을 했을까?

교수 마음의 무대에는 어떤 자아가 올라왔을까요? 만약 교수가 정확성을 중시하며 옳다고 생각하는 모범 답안을 가지고 채점을 했다면 아마 정확한 자아가 한 치의 망설임도 없이 0점 처리를 했을지도 모릅니다. 그러나 교수는 침착함, 호기심, 명료함, 자신감, 창의력, 용기, 관계성, 긍휼감 8가지 특징을 보여 주었습니다. 참자아가 마음의 무대에 그 모습을 드러냈습니다.

스티븐 헤이즈와 스펜서 스미스의 『마음에서 빠져나와 삶 속으로 들어가라』에는 참자아와 자아를 체스에 비유한 내용이 있습니다. 체스판 위에는 흰말과 검정말이 있습니다. 각각의 말들이 모두 자아라고 생각해 보세요. 어떤 말은 긍정적이고 어떤 말은 부정적일 수 있습니다. 참자아는 이 각각의 말이 아닌 체스판을 의미합니다. 체스판은 훈수를 두지 않습니다. 있는 그대로 체스가 움직이는 것을 바라보고 받아들입니다. 또한, 경기가 끝날 때까지 버텨 줍니다. 그리고 이동할 때는 체스판에 올라가 있는 말을 모두 데려 갑니다. 그래야 진정한 체스판이 될 수 있기 때문이지요.

참자아 상태에서는 흰말과 검정말을 다 볼 수 있습니다. 한쪽으로 치우치지 않아요. 마음의 무대에 참자아가 올라온 교수는 폴 킴의 감수성을 볼 수 있었습니다. 교수의 참자아는 음악 시험 점수라는 문제보다 폴 킴 자체 그 존재^{Being}에 집중했습니다. 폴 킴이 어떤 생각을 하고 감정을 느끼는지, 어떤 세계관을 가지고 있는지 그 감상문에 녹아 있는 모든 것을 경청하고 이해했습니다.

폴 킴은 교수가 자신을 소중히 여긴다고 생각했을 겁니다. 덕분에 위축되고 경직되었던 자아가 공간을 내주었고, 폴 킴의 참자아도 드러납니다. 교수의 참자아와 폴킴의 참자아가 만난 것이지요. 두 참자아는 폴 킴에게 공부하고 싶은 의욕을 불러일으켰습니다.

이 이야기를 듣고 코칭의 기적을 이룬 고객 2명이 떠올랐습니다.

스물 후반의 여성 고객, 별님과의 특별한 만남이 기억납니다. 대학 졸업 후 사람들과 잘 소통하지 못했고 취업해도 얼마 다니지 않고 그만두기를 반복했던 별님. 입사와 퇴사를 반복하는 여러 가지 이유가 있었는데요. 그중에는 직원 한 명이 자신을 무시하고 째려봐 다니고 싶지 않았다는 것입니다.

어머니 이외 가족과도 관계가 원만치 않았습니다. 혼자 방 안에서 온종일 게임만 하기 일쑤였습니다. 사회성 결여, 게임 중독 증상 등을 보였습니다. 별님 자신도 그런 자신의 증상을 인정했습니다.

나는 전문 상담사와 상담해 볼 것을 권했습니다. 하지만 별님은 이전에 상담을 받아 본 적이 있어 지금은 그러고 싶지 않다고 했습니다. 세 번의 만남을 끝으로 이제 도움을 다 받았으니 그만하겠다고 말했습니다.

별님이 이렇게 말한 데는 다른 이유가 있었습니다. 상담이든 코칭이든 한두 번으로 끝나지 않는다는 것을 알고 있었기 때문입니다. 현재 벌이가 없는 자신의 상황에서 부모님께 경제적인 부담을 주는 게 죄송스러워 코칭을 받고 싶지 않다고 한 것이었습니다. 나는 그 마음에 충분히 공감해 주었고 별님에게 한 가지 제안을 했습니다.

앞으로 딱 세 번만 코칭을 더 받아 보자고, 그래도 지금 드는 생각에 변함이 없다면 끝내자고요. 별님은 승낙했고, 합의한 코칭 계약이 이루어졌습니다.

세 번의 코칭 계약은 6개월간 개인 코칭, 3개월간 가족 코칭으로 연장해 진행되었습니다. 이때 별님이 깊이 있는 자기인식을 위해 MV^Mind Visualization 기법을 활용^{이은아, 『심상 시각화 기법(MV)을 활용한 MV 코칭 프로그램 개발과 효과성 검증에 대한 실험연구』}했습니다. 처음에는 어떻게 해야 할지 조심스러워했지만 점점 자신의 내면을 객관적으로 깊이 있게 보게 되었습니다.

코칭을 받으며 별님은 자신의 이상과 현실의 차이를 자각했습니다. 그 과정에서 부모가 나를 믿지 못한다, 나는 존중받지 못하고 있다는 게 자신의 해석이라는 사실을 깨달았습니다.

코칭 종료 후 별님은 아버지와 둘도 없는 술친구가 되었고 적극적으로 자신의 꿈을 실현할 취업 준비를 하고 있습니다. 워킹홀리데이를 가슴속에 품은 채.

별님이 변화한 원동력은 무엇이었을까요? 코칭으로 별님은 내면에 켜켜이 먼지에 쌓여 가려져 있던 보석을 발견했습니다. 직면하고 싶지 않았던 '무시당하고 버림받았다고 생각하는 자아'를 수면 위로 떠올려 의식화했습니다. 그 자아와 마주하고 수용했습니다. 무엇보다 무시당하고 버림받았다는 것이 생각인지 사실인지 확인했습니다.

그 결과, 방 안에서 게임만 하는 자신의 행동에 대해 자각했습니다. 그런 자신을 비난과 저항이 아닌 있는 그대로 수용했습니다. 별님은 분리되었던 자신의 긍정적인 면과 부정적인 면을 연결해 받아들인 것입니다. 별님은 현재 어떤 상황에서도 자신감을 발휘하며 주도적인 삶을 살고 있습니다.

코칭의 기적

멋진 남님은 리더였습니다. 입사 후 몇 년 동안 큰 성과를 냈습니다. 시간이 지나면서 자신이 제안한 프로젝트가 계속 거절당하자 점점 작아졌습니다. 몇 년 후, 멋진 남님은 직장에서는 물론 가정에서도 자신이 무시당하고 있다고 생각하기 시작했습니다.

이 사례에서도 MV 기법을 활용했습니다.

코칭을 시작할 때 멋진 남님은 "우울증 같아요. 점점 심해지는 것 같아요"라고 말할 정도였습니다. 간절히 이 상황에서 벗어나기를 원했고 그 간절함은 온 마음으로 코칭에 임하게 했습니다.

우리는 함께 멋진 남님의 강점을 발견하기 시작했습니다. 멋진 남님은 현재 자신이 우울증이라고 생각할 수밖에 없는 이유를 내면에서 발견했고 부정적으로 생각하는 자신을 수용했습니다. 이후 멋진 남님은 묻어 두었던 프로젝트 중 하나를 선택해 다시 시작하겠다는 의지를 보였습니다. 결국 컨퍼런스에서 모 케이블 TV의 인터뷰 요청을 받을 정도로 만족스러운 결과까지 얻었습니다.

멋진 남님은 성공적인 프로젝트를 위해 거래처 자료가 필요했는데 코칭을 진행하면서 배운 인정 스킬을 관계자에게 적용했습니다. 이 인정 스킬은 지금까지 차일피일 미루어 받지 못한 자료를 단 일주일 만에 받아 내는 쾌거를 이뤘습니다.

"코칭의 파워를 실감했습니다."

멋진 남님이 전한 소감입니다. 잠시 잊었던 자신의 탁월성을 알아차리고 스스로 보석으로 가공해 영롱한 빛을 낸 멋진 남님은 코칭의 기적을 이룬 '멋진 분'입니다.

페르소나

이부영은 『자기와 자기실현』에서 '페르소나는 인격 발달 과정에서 꼭 필요하고 사회를 살아가는 데 필수적인 기능'이라고 주장했다. 자아가 외부세계와 관계를 맺고 적응해 가는 과정에서 형성되는 행동 양식으로 사회적 역할Social Role이 페르소나에 해당한다.

별님은 이 페르소나를 형성하는 과정에 있다고 할 수 있습니다. 그러나 융은 페르소나가 당사자 자신이 아니며 진정한 나의 길이 아니라고 주장했습니다. 특히 페르소나가 자기 삶에서 유일한 목표(페르소나와 동일시)일 때의 우려를 나타냈습니다. 이 우려는 자기실현이 본격적으로 시작되는 중년기부터 문제가 되기 시작한다고도 했습니다. 그래서 중년에 이르러 내면 세계의 신호가 감지되면 내적 성찰을 통한 성숙에 주력해야 하는 것이지요.

멋진 남님은 자기실현을 위한 내면의 신호를 감지했고 코칭을 통해 그 첫발을 힘차게 내디뎠던 것입니다.

자기실현의 길

그렇다면 자기실현^{Self-Actualization}이란 무엇일까요? 흔히 뭔가 대단한 것을 이루거나 해내는 것으로 여기기 쉽습니다. 그렇지 않습니다. 융이 주장한 자기실현은 나^{Self}가 되는 것, 성숙한 인간으로 성장하는 과정입니다.

이것을 개성화^{Individuation}(고유성을 지닌 개별적 존재)라고도 합니다. 이런 자기실현 또는 개성화는 자기인식(무의식의 내용을 인식하는) 과정이라고 할 수 있습니다.

융이 주장한 자기실현은 대단한 결과물을 만들어 내는 것이 아니라 밝고 어두운 양면성을 지닌 정신 현상이 갈등과 통합 과정을 거쳐 전체 정신으로 조화와 균형을 이루는 것입니다.

솔직히 자기^{Self}, 자기실현에 대해 깊이 있게 정확히 알지 못합니다. 융을 연구하는 연구자들도 이 개념을 정확히 설명하는 데 어려움을 토로합니다. 하지만 감히 이 개념을 가져온 것은 진정한 나^{Self}를 찾아가는 여정의 근거를 마련하기 위해서입니다.

인디언 속담에 '영혼을 놓칠 수 있으니 너무 빨리 달리지 말라'는 말이 있습니다. 즉, 내적 성숙을 동반하지 않은 외적 성장만 추구해 발생하는 부조화를 조심하라는 뜻입니다. 외적 성장과 내적 성숙이 연결되어 조화를 이룰 때 비로소 우리는 진정한 나 Self가 될 수 있고 이런 나를 찾아가는 여정이 곧 자기실현의 길로 가는 과정일 것입니다. 이것은 우리가 평생 이루어야 할 과업 아닐까요?

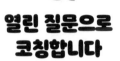

열린 질문으로
코칭합니다

개인 간 갈등 문제는 원활치 못한 커뮤니케이션에 기인할 수 있다. 미국의 심리학자 조셉 루프트와 해리 잉햄^{Joseph Luft and Harry Ingham}은 커뮤니케이션에 근거한 개인 간 갈등을 분석할 수 있는 모델을 고안했다. 그것은 조하리의 창^{Johari's Window}이다.

조하리의 창은 4가지 영역으로 구분되는데 첫 번째, 열려 있는 창(나와 타인이 서로 잘 알아 갈등의 소지가 없는 영역). 두 번째, 보이지 않는 창(나는 나 자신에 대해 잘 모르지만 타인은 나에 대해 잘 아는 영역으로 갈등의 소지가 크다.). 세 번째, 숨겨져 있는 창(나는 타인에 대해 많이 알지만 타인은 나에 대해 잘 모르는 영역으로 잠재적 갈등이 야기된다.). 넷째, 미지의 창(자신에 대해 자신도 모르고 타인도 모른다.) 이다.

코칭의 역할

코칭은 각 영역을 공공 영역으로 넓히는 데 사용됩니다. 예를 들어, 팀원들의 말을 잘 경청한다고 생각하는 리더가 있다고 가정해 보세요. 그는 360도 다면평가에서 안 좋은 평가를 받았습니다. 그는 결과를 받아들일 수 없었습니다. 이것이 바로 맹목 영역입니다.

이럴 때는 어떡해야 할까요? 리더가 납득할 수 있는 피드백을 해 주어야 합니다. 그런데 어떻게 피드백 하시겠어요? "이것 저것이 문제이니 개선하시오"라고 할 건가요? 아니면 일단 자신이 몰랐던 사실을 알아 당황스럽고 화가 나는 마음을 공감해 주는 것으로 시작해 리더 자신이 자각하고 그에 책임질 수 있게 할 건가요?

코칭은 후자에 속합니다.

조금만 더 노력하면 원하는 대학에 입학할 가능성이 보이는 학생이 있다. 그런데 노력을 안 한다. 그 이유는 아무도 모른다. 오직 학생 자신만 알고 있다. 이것이 사적 영역이다. 학생이 자신의 능력을 발휘하게 하려면 자신만 알고 있는 방해 요인들을 표현하게 해야 한다. 그 학생이 자기표현을 하게 하려면 어떻게 해야 할까?

이런 경우, 실제 코칭에서는 강점 샌드위치를 사용합니다.

먼저 학생의 강점을 발견하고 인정하게 합니다. 그리고 원하는 것을 이루기 위한 내면 여행을 함께했습니다. 학생은 이란성 쌍둥이로 항상 누나와 비교되었습니다. 아버지가 자신을 신뢰하지 않는다고 생각했고 원하는 학과에 지원한다고 하면 반대할 게 뻔하다고 판단했습니다. 그래서 공부를 포기했다고.

이런 자기표현을 통해 무엇을 원하는지, 무엇을 해야 하는지 알아차렸습니다. 학생은 지금까지 말하지 않고 가슴속에 묻어 두었던 이야기를 하며 눈물을 흘렸습니다.

코칭 과정에서 부모의 도움을 받을 것인지 학생과 합의했습니다. 그는 부모의 도움을 받기로 했습니다. 그리고 원하는 학과에 입학했습니다.

우리는 인간관계, 의사소통과 관련된 교육을 참 많이 받습니다. 학생들은 학교에서 '인성 교육', 학부모는 '부모 교육', 조직에서는 신입사원부터 임원까지 필요한 '커뮤니케이션 교육' 등을 받습니다. 그런데 왜 부모와 자녀, 팀장과 팀원 간의 소통이 이렇게 힘든 걸까요?

질문의 힘

도로시 리즈Dorothy Leeds는 질문의 힘을 7가지로 설명했습니다.

질문하면 첫 번째, 답이 나옵니다. 두 번째, 생각을 자극합니다. 세 번째, 정보를 얻습니다. 네 번째, 통제가 됩니다. 다섯 번째, 마음을 열게 합니다. 여섯 번째, 귀를 기울이게 합니다. 일곱 번째, 나 자신이 설득됩니다. 다만, 한 방향 질문이 아닌 양방향 질문일 때 힘을 발휘합니다.

다음 사례는 코칭을 배우기 전후의 알자와 아이들의 대화입니다. 차이점을 살펴보세요.

코칭을 배우기 전

알자 : 오늘 모의고사 잘 봤니?

아이 : 망친 것 같아요. 수학은 모르는 문제가 너무 많았고 어려웠어요.

알자 : 죽어라 해도 될까 말까인데 그렇게 매일 온종일 게임이나 하니 시험을 잘 볼 리가 있니? 계획성도 없고. ○○은 온종일 도서실에서 공부하고 집에 와서도 또 한다더라. 너는 어쩌려고 그러니?

아이 : ….

알자 : 너 정말 어쩔 거야? 이 성적으로 대학 원서나 쓸 수 있겠니?

211

아이 : 대학 갈 거예요.

알자 : 참 잘 가겠다.

아이 : 대학 가면 어쩔 건데요? 내가 언제 매일 게임만 했어요? 나도 할 만큼 했다고요. 알지도 못하면서. (문을 있는 힘껏 쾅 닫는다.)

알자 : 저 자식이 정말! 저건 도대체 누굴 닮아 저 모양이야? 아 이고 속상해!

코칭을 배운 후

알자 : 오늘 시험 어땠어?

아이 : 망친 것 같아요. 수학은 모르는 문제가 너무 많았고 어려 웠어요. 그런데 자세히 보니 전혀 모르는 문제는 아닌 것 같아 요. 시간이 촉박했던 것 같아요.

알자 : 속상했겠다. 수학 시험을 잘 보고 싶었구나. 시험을 보고 어떤 생각을 했어?

아이 : 학원에서는 잘 풀리는데 실제 시험에서는 왜 잘 안 풀리 는지…. 정말 이상해요. 참, 이야기하다 보니 항상 그랬던 것 같아요. 생각할수록 속상해요.

알자 : 그래? 정말 짜증나고 속상했겠다. 그런데 학원에서는 잘 풀리는데 시험 때는 잘 안 풀리는 이유가 무엇인 것 같아?

코칭 전 대화와 코칭 후 대화에서 어떤 차이를 발견했나요? "네", "아니오"로 대답할 수 있는 닫힌 질문과 여러 가지 이야기를 할 수 있게 하는 열린 질문, 즉 어떻게 무엇을 무엇 때문에 어떤 등의 의문사로 시작되는 질문의 차이점은 무엇일까요?

비난, 판단, 지적하는 것과 공감해 주는 것의 차이는 무엇일까요? 열린 질문을 잘하려면 무엇이 필요한가요?

"학원에서는 잘 풀리는데 실제 시험에서는 왜 잘 안 풀리는지…. 정말 이상해요. 참, 이야기하다 보니 항상 그랬던 것 같아요."

이 부분은 7가지 질문의 힘 중에서 무엇에 해당하는 것 같나요?

코칭을 배우기 전 알자의 마음의 무대에는 '학생은 온종일 공부에만 전념해야 한다'는 에고가 올라왔습니다. 이 에고는 '게임하는 것은 대학에 떨어지는 지름길이다'라고 생각합니다. 그러나 이것은 명백한 사실이 아닙니다. 실제로 게임을 많이 하면서도 명문대에 들어간 사례도 있고 게임을 즐기면서도 자신이 해야 할 일들을 잘하는 사람들도 많기 때문입니다.

하지만 게임 자체를 중독, 나쁜 것으로 바라보는 관점이 대부분이어서 게임을 좋아하는 사람들과 갈등을 일으킵니다. 이런 경직된 에고가 마음의 무대를 차지하면 답이 이미 정해져 있어 열린 질문을 할 수 없습니다.

코치 에이Coach A의 저서 『코칭이 답이다』에 보면 사람은 자신의 내부 정보를 타인에게 언어로 전달함으로써 자신의 생각을 인식하게 된다고 주장합니다. 즉, 열린 질문을 받으면 자신의 정보가 타인뿐만 아니라 자신에게도 전달되어 자기 생각을 더 정확히 인식할 수 있다는 겁니다.

그러므로 대화의 질을 높이는 가장 효과적인 기술은 바로 '질문'입니다. 질문은 코칭의 핵심 역량 중 하나입니다.

강점을 폭발시킵니다

코칭할 때 첫 회기는 강점 진단으로 시작합니다. 강점 진단은 자신이 무한한 가능성을 펼칠 수 있는 사람이라는 것을 서면으로 인식하게 합니다. 그다음 회기부터는 어떤 주제로 이야기하면 좋을지, 그것을 주제로 말한 계기는 무엇인지, 그것이 왜 중요한지를 탐구하며 진정으로 원하는 목표를 스스로 정하게 합니다.

목표가 정해지면 그 목표 너머에 있는 목표를 인식해 궁극적으로 무엇을 이루고 싶은지를 함께 탐구합니다. 이 과정에서 이미 활용된 강점, 발휘되지 못한 강점, 너무 과하게 발휘되어 목표 달성을 방해하는 것 등을 탐구하는 시간을 갖습니다. 그리고 이모든 탐구를 통해 스스로 알아차린 점을 현실에 적용해 목표 달성을 위한 대안을 탐색하고 그 실행을 도와주는 코칭을 합니다.

강점 코칭의 핵심

최근 강점 코칭을 해 달라는 요청이 많이 들어옵니다. 자기 계발을 하면서 자신의 강점보다 약점에 지나치게 에너지를 쏟는 경우를 흔히 봅니다. 그러면 자신뿐만 아니라 다른 사람들을 바라볼 때 약점에 집중하게 만들어 개인, 팀, 조직에 부정적인 영향을 미칠 수 있습니다.

『위대한 나의 발견 강점혁명』에서 잠재력에 대해 설득력 있게 설명하고 있다. 누구나 34가지 재능이 있다. 재능은 무의식적으로 자연스럽게 생각하고 느끼고 행동하는 방식을 의미한다. 이 34가지 재능은 강점이 아니다. 갤럽에서는 재능이 진정한 강점이 되려면 꾸준히 연습하고 기술을 연마하고 개발하는 것은 물론 지식을 쌓는 시간을 투자해야 한다고 말한다. 이렇게 재능에 투자해 지속적으로 완벽에 가까운 성과를 내는 것이 강점이다.

예를 들어, 알자는 커뮤니케이션 재능이 1번입니다. 알자가 이 재능을 강점으로 만들기 위해 유튜브를 촬영한다고 가정해 볼까요?

알자는 28번째가 분석, 34번째가 심사숙고입니다. 분석과 심사숙고는 알자가 부러워하는 재능입니다. 이 하위 재능을 향상시키기 위해 시간과 노력을 투자한다면 차차 나아지겠지만 못하는 것을 하려니 스트레스가 커져 삶의 질이 많이 떨어질 것입니다. 하지만 알자가 원하는 유튜브 촬영을 위한 스크립터 만들기, 시장분석 등을 하게 해 분석과 심사숙고를 자연스럽게 향상시킬 수 있습니다. 이 같은 노력은 강점을 강화하고 약점을 보완하는 것입니다. 특히, 상위 10개 재능을 최상으로 발휘할 때 하위 24개 재능이 자연스럽게 발휘되어 잠재력이 폭발할 수 있습니다.

'나답게 살아야 한다'라는 말이 있습니다. 그것은 재능을 잘 발휘하며 살아야 한다는 의미입니다. 영업을 잘하려면 조리 있게 말해야 한다는데 이 가설이 누구에게나 적용되는 것은 아닙니다.

커뮤니케이션에 능한 사람이 스피치 전문 학원에서 트레이닝을 받으면 분명히 영업력에 도움이 될 것입니다. 그러나 어떤 사람은 타인에게 자신의 의사를 잘 표현하지 못하기도 합니다. 그런 사람은 분석력이 탁월할 수도 있지요. 이런 사람들도 스피치 학원에 다니면 영업력이 향상될까요? 그렇지 않습니다.

분석 재능을 가진 사람은 스피치 학원에 가기보다 고객을 만족시킬 상품 제안서를 만들어 영업할 수 있게 제공하는 게 낫습니다. 약점이 나의 행보에 방해가 되지 않는다면 약점만을 개발하려고 애쓰지 마세요. 우선 상위 5개 재능을 강점으로 만들어 다른 재능들을 자연스럽게 발휘할 수 있게 해 보세요. 이것이 바로 강점 코칭의 핵심입니다.

잘 써야 진정한 강점이 된다

강점 코칭 또는 강점 코칭 워크숍은 늘 즐겁고 행복한 에너지가 넘칩니다. 그러나 여기서 우리가 간과하면 안 되는 것이 있습니다. 강점은 잘 써야 진정한 강점이 됩니다.

빨리님은 '내가 살 집은 내가 짓는다'라는 신념으로 살아왔다. 빨리님은 속전속결 뭐든지 빨리 결과물을 보고 싶어 하는 사람이다.

드디어 집을 짓기 시작했다. 기초공사를 하는 도중 악취가 나는 오물 더미가 나오기 시작했다. 빨리님은 기초공사에 지장이 없는 선에서 오물을 처리하고 콘크리트 작업을 이어 나갔다.

최고급 내장, 외장 재료를 사용해 인테리어 공사를 했다. 그런데 몇 년이 지난 어느 날, 이상한 냄새가 났다. 악취는 심해졌고 빨리님은 땅을 판 사람들을 원망했다. 냄새에 적응해 견딜 만하다고 자위하며 그런대로 지냈다.

몇 해가 더 흘렀다. 펑! 폭발음이 들렸다. 마당에 커다란 구멍이 뚫린 게 아닌가.

이 사례와 강점을 지금까지의 내면 여행과 연결했을 때, 어떤 생각이 떠오르나요?

속전속결 강점이 바람직하지 않은 방향으로 발휘되었습니다. 악취가 났을 때 무슨 상황인지 면밀히 탐색한 후 해결하고 집을 지었다면 어땠을까요? 다른 결과를 가져왔을 것입니다.

유니콘님은 조직에서 인정받는 리더였다. 그러나 구조조정으로 부득이 퇴사해야 했다. 퇴사 후 자신의 능력을 알고 있었기에 조급하게 생각하지 않고 취업을 준비했다. 하지만 1년, 2년, 3년 시간이 흐르자 마음이 조급해졌고 자신감도 급격히 떨어졌다. 한없이 작아지는 자신을 바라보며 무기력과 우울감을 느낄 무렵 코칭을 접했다.

강점 진단과 1대1 코칭 3회를 진행하기로 했다. 1회 코칭에서 유니콘님은 경직되고 위축되어 있었다. 강점 진단 브리핑 도중 상위 10개 재능 중 어느 1개의 재능이 자신에게 있다는 것을 받아들이지 못했다.

나는 유니콘님이 과거에 조직에서 만족스러웠거나 성공이라고 할 수 있는 경험을 떠올리게 했다. 잠시 멈칫하며 "만족스러

윘던 경험? 성공 경험? 글쎄요…"라며 조심스러운 반응을 보이던 유니콘님은 잠시 후 기억이 났는지 이야기를 시작했다. 유니콘님은 없다고 생각했던 바로 그 강점이 성공의 원동력임을 깨달았다. 그 이야기를 끝으로 유니콘님의 에너지는 더는 오르지 않았고 강점에 대해 흥미도 보이지 않았다.

왜 그럴까? 유니콘님을 바라보았다. 눈에서 슬픔이 느껴졌다. 내가 보고 느낀 그대로 표현했다. 유니콘님은 슬픔이 느껴진다는 내 표현에 호기심을 가졌다. 유니콘님이 느끼는 우울감과 무기력감, 타인의 시선을 너무 의식해 자신감을 잃어 가는 자신을 탐구하고 자각했다. 유니콘님은 알아차렸다. 놀라워했다. 유니콘님은 없다고 생각했던 그 강점이 성공의 원동력이 되었지만 과도하게 발현되어 퇴사할 수밖에 없었다는 것을.

유니콘님의 코칭은 첫째, 강점으로 잠재력 확인. 둘째, 내면 탐구에 의한 알아차림. 셋째, 강점을 목표 달성의 자원으로 사용한 강점 샌드위치로 진행되었습니다. 코칭 종료 후 유니콘님은 취업해 행복한 직장생활을 하고 있습니다.

유니콘님이 그랬듯이 우리는 무한한 잠재력을 가진 사람입니다. 언제든 빛날 준비가 된 원석, 아니 원석 그 자체로 빛날 준비가 이미 되어 있습니다.

이제 때가 되었습니다. 마음을 열고 나 자신을 바라보세요. 만족을 주었던 경험을 떠올려 보세요. 그리고 그 속에서 빛나는 재능과 강점을 발견해 폭발시키세요.

모든 자아^{ego}가 나^{Self}를 알아차리게 합니다

코칭을 만난 지 15년이 되었습니다. 코칭을 만나기 전과 후 큰 변화가 있었습니다. 생각의 함정에서 벗어날 수 있는 내면의 힘이 생긴 것입니다. 없었던 게 아니라 이미 내 안에 있었지만 알아차리지 못했던 것 같습니다. 코칭을 만나면서 나를 알아차렸고, 지금도 알아차리고 있습니다.

코칭은 나를 있는 그대로 존중하고 받아들이도록 했습니다. 나 자신을 먼저 일으켜 세워야 타인을 인정할 수 있다는 것을 『마음 고백』에 사례를 공유해 주신 분들을 통해 더욱 잘 알 수 있었습니다.

사례를 나누어 주신 모든 분께 감사를 전합니다.

〈나 알아차림으로 변화를 일으켜요〉에서 필자가 제안한 것을 기억하나요? 도착지에서 떠올리길 바라며 질문했습니다.

① 심리적 안전감을 느끼기 위해 전제되어야 하는 것은 무엇일까요?
② 개개인이 심리적 안전감을 외부가 아닌 내면에서 느낄 수 있다면 어떤 일이 일어날까요?
③ 심리적 안전감과 나를 사랑하는 것은 어떤 관계가 있을까요?
④ 가정에서, 조직에서, 사회에서 심리적으로 안전감을 느낄 수 있는 환경을 만드는 방법은 무엇일까요?

처음 내면 여행을 시작할 때와 지금 종료 시점에 어떤 차이를 느꼈나요?
그 차이는 나에게 어떤 알아차림을 주었나요?

잘랄루딘 루미의 시 「여인숙」은 우리가 내면 가족을 어떻게 대해야 하는지 잘 표현하고 있습니다.
작가는 인간을 여인숙에 비유했습니다. 예고도 없이 찾아오는 기쁨, 슬픔, 우울, 불안 등의 감정과 약간의 깨달음을 '손님들'이라고 합니다. 이들이 폭풍을 일으키고 모든 것을 쓸어버리더라도 존중하라 말합니다. 새로운 기쁨을 주기 위해 내면을 청소하는지도 모른다고요.

그들이 가까이하고 싶지 않은 어둡고 부정적인 생각과 감정을 가진 손님이더라도 웃으며 기꺼이 집 안으로 초대하라 합니다. 그리고 감사하게 생각하라고요. 그들은 저 멀리서 보낸 안내자일 수 있기 때문입니다.

자아들은 각각의 역할을 가지고 있습니다. 그 자아들은 의식뿐만 아니라 무의식 속에서 무한한 가능성을 펼칠 수 있기를 기다리고 있습니다. 이 자아들이 자신의 역할을 하기 위해서는 참자아Self의 리더십이 필요합니다. 참자아가 그 모습을 드러내 모든 자아를 안아줌holding으로써 '진정한 나'가 될 수 있습니다.

알아차림은 늘 내 안에 존재하고 있습니다. 이 순간 나는 참자아를 만나고 있습니다. 지금 느끼는 모든 것을 알아차리는 나는, 알아차림 참자아Self 그 자체입니다.

참고 문헌

국내서

1. 김정규, 『게슈탈트 심리치료, 창조적 삶과 성장』, 학지사, 2021.

2. 이부영, 『자기와 자기실현, 하나의 경지, 하나가 되는 길』, 한길사, 2021.

3. ACG, 『마음비춤 코칭 II 심화과정』, 액티브코칭그룹, 2023.

번역서

1. 도널드 클리프턴·톰 래스 지음, 갤럽 옮김, 『위대한 나의 발견 강점혁명』,
   청림출판, 2020.

2. 도로시 리즈 지음, 노혜숙 옮김, 『질문의 7가지 힘』, 더난출판사, 2024.

3. 로버트 케건·리사 라스코우 라헤이 지음, 오지연 옮김, 『변화면역』, 정혜, 2020.

4. 바이런 케이티·스티븐 미첼 지음, 김윤 옮김, 『네 가지 질문』, 침묵의 향기, 2003.

5. 비욘 나타코 린데블라드 지음, 박미경 옮김, 『내가 틀릴 수도 있습니다』, 다산초당,
   2022.

6. 스티븐 C. 헤이스·스펜서 스미스 지음, 문현미·민병배 옮김, 『마음에서 빠져나와
   삶 속으로 들어가라』, 학지사, 2020.

7. 앨버트 엘리스, 캐서린 맥클라렌 지음, 서수균·김윤희 옮김, 『합리적 정서행동치
   료』, 학지사, 2007.

8. 에크하르트 톨레 지음, 류시화 옮김, 『삶으로 다시 떠오르기』, 연금술사, 2013.

9. 코치 에이, 최재호 옮김, 『코칭이 답이다』, 올림, 2013.

10. 크리스틴 손톤 지음, 신준석·유보림 옮김, 『창조적 조직을 위한 그룹코칭과 팀코칭』, 시그마프레스, 2013.

11. 톰 홈즈·로리 홈즈 지음, 이진선·이혜옥 옮김, 『소인격체 클리닉』, 시그마프레스, 2019.

국내 논문

1. 이은아, "MV(Mind Visualization) 기법에 기반한 코칭 프로그램 개발과 효과성 검증", 국민대학교 일반대학원 박사학위 논문, 2018.

2. 이은아, "심상 시각화 기법(MV)을 활용한 MV 코칭 프로그램 개발과 효과성 검증에 대한 실험연구", 『경영학연구』, vol. 49, no. 3, 2020.

국외서

1. Ainsworth, Mary. Dinsmore. Salter, *Attachment: Retrospect and Prospect, In C. M. Parkers & J. Stevenson-Hinde(Eds.), The Place of Attachment in Buman Behavior*, New York: Basic Books, 1982.

2. Bowlby, John, *Attachment and Loss: Attachment*, New York: Basic Books, 1969.

3. Duhigg, Charles, What Google Learned from Its Quest to Build the Perfect Team, *The New York Times Magazine*, Feb. 25, 2016.

4. Festinger, Leon, *A theory of cognitive dissonance*. Stanford, CA: Stanford University Press, 1957.

5. Freud. Sigmund, *An Outline of Psycho-Analysis*, Hogarth Press, London. 1949.

6. Jourard, Sidney M, *Self-Disclosure: An Experimental Analysis of Transparent Self*, New York: John Wiley and Sons, 1971.

7. Luft, Joseph and Ingham, Harry, *The Johari-window: A graphic model for interpersonal relations*, University of California, Western Training Laborator, 1955.

8. Robbins, Stephen P. and Judge, Timothy A, *Essentials of organizational behavior*, Pearson. 2017.

9. Rogers, Carl. Ransom, *Client-centered therapy, its current practice, implications, and theory*, Boston MA: Houghton Mifflin Company, 1951.

10. Winnicott, Donald. Woods, *The maturational processes and the facilitating environment: Studies in the theory of emotional development*, International University Process, New York: Stylus, 1965.

국외 논문

1. Bartholomew, Kim and Horowitz, Leonard M, "Attachment Styles Among Young Adults: A Test of A Four-Category Model", 『Journal of Personality and Social Psychology』, vol. 61, no. 2, 1991.

2. Edmondson, Amy, "Psychological Safety and Learning Behavior in Work Teams", 『Administrative Science Quarterly』, vol. 44, no. 2, 1999.

3. Gilovich, Thomas and Savitsky, Kenneth, "The spotlight effect and the illusion of transparency: Egocentric assessments of how we're seen by others",

『Current Directions in Psychological Science』, vol. 8, no, 6, 1999.

4. Kahneman, Daniel and Thaler, Richard, "Economic analysis and the psychology of utility: Applications to compensation policy", 『The American Economic Review』, vol. 81, no. 2, 1991.

5. Nickerson, Raymond S, "Confirmation bias: A ubiquitous phenomenon in many guises", 『Review of general psychology』, vol. 2, 1998.

6. Putman, Daniel, "Psychological courage. Philosophy", 『Psychiatry and Psychology』, vol. 4, no, 1, 1997.

7. Wegner, Daniel M, "Ironic processes of mental control", 『Psychological Review』, Vol. 101, no.1994.